HOUGHTON MIFFLIN

Working with Second Language Learners

Libro del estudiante

Maria Luisa

HOUGHTON MIFFLIN

Boston • Atlanta • Dallas • Geneva, Illinois • Palo Alto • Princeton

Contenido

Artes de lenguaje

Nombre ____________________

Entre los volcanes

Las palabras base En algunos casos, una palabra puede ser la base para hacer otra palabra más larga. Una *palabra base* es una palabra en la que se basan otras palabras.

Algunas de las palabras de la lista son palabras base, mientras que otras de estas palabras contienen una palabra base.

En el blanco al lado de cada palabra de ortografía, escribe *base* si es una palabra base. Si la palabra no es una palabra base, escribe la palabra base o las palabras en que está basada.

Palabras

1. gente
2. cercano
3. sobrevivir
4. mundo
5. peligro
6. simplemente
7. picazón
8. ratito
9. mal
10. nacional

Mi lista de estudio
¿Qué otras palabras necesitas para estudiar ortografía? Añádelas a Mi lista de estudio para esta lección al final de este libro.

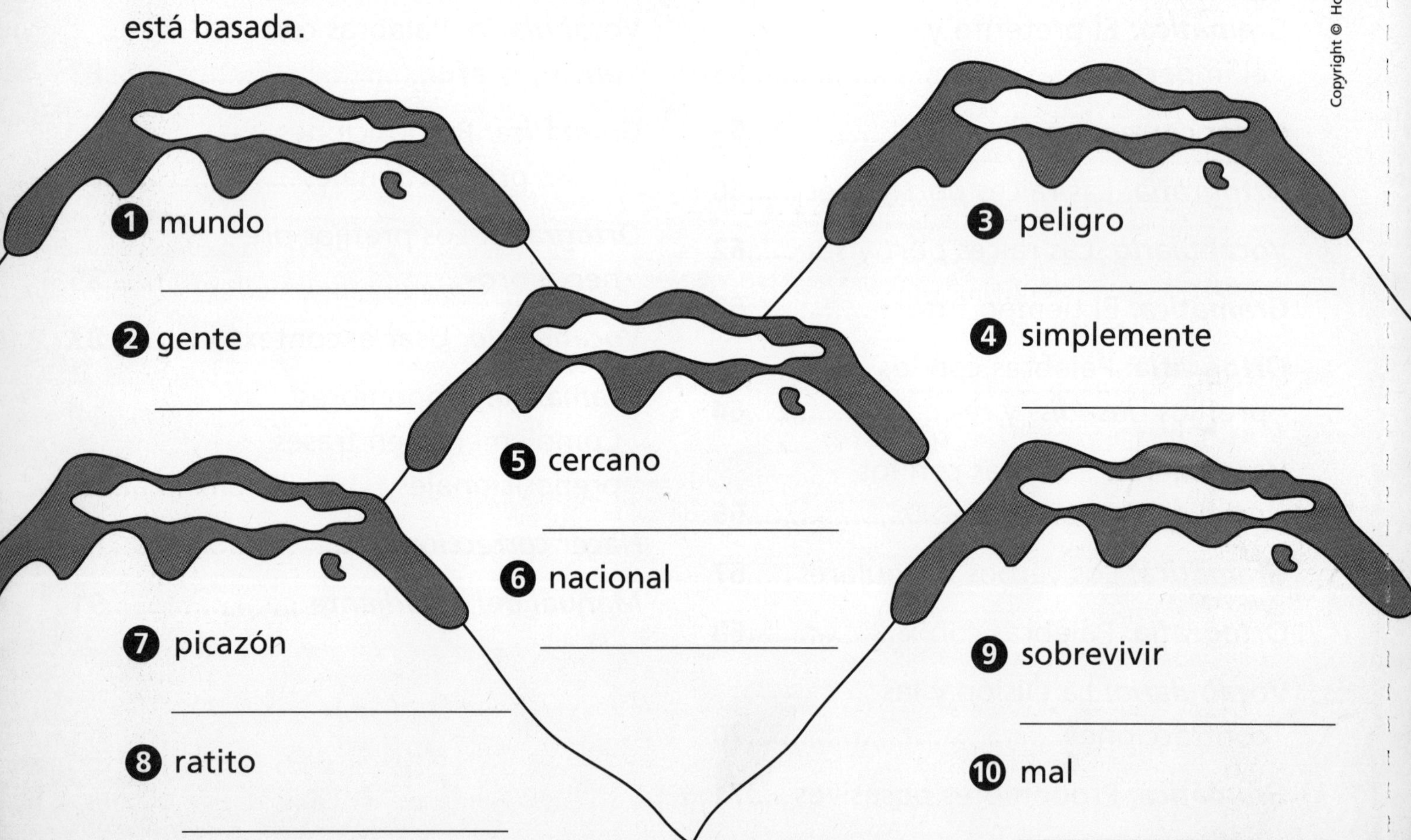

Nombre ______________________________

Parranda de palabras

Corrección Rodea con un círculo las cinco palabras mal escritas en este párrafo. Escríbelas correctamente en las líneas de abajo.

Palabras de ortografía

1. gente
2. cercano
3. sobrevivir
4. mundo
5. peligro
6. simplemente
7. picazón
8. ratito
9. mal
10. nacional

En un pueblo sercano se desbordó el río. La jente corre gran periglo porque no pueden sobre vibir sin sus pertenencias. El Presidente dijo que la zona de desastre va a recibir ayuda nasional.

❶ ______________ ❸ ______________ ❺ ______________

❷ ______________ ❹ ______________

Elige una de las palabras de ortografía para completar cada oración.

❻ Todo el ______________ estaba preocupado.

❼ Al principio, sentían sólo una ______________.

❽ Al ______________ empezaron a sentir dolores de cabeza.

❾ Mucha gente se sentía ______________.

❿ El doctor les explicó que ______________ había demasiados mosquitos.

Amigos de la ciudad Eres miembro del Club para la protección de los parques de la ciudad. Escribe un artículo sobre las actividades del Club y de tus propias responsabilidades. ¿Qué hacen para mantener los parques limpios y bonitos? Usa las Palabras de la lista.

Nombre ______________________

¿Cuál es la terminación?

Escribe la palabra base y la terminación de cada palabra.

	Palabra base	Terminación
1 caminando		
2 buscado		
3 durmiendo		
4 decidido		
5 comiendo		

Usa las palabras para completar las oraciones.

6 Los niños habían ______________ su mascota toda la tarde.

7 El perro se había escapado mientras ellos estaban ______________ la siesta.

8 Cruzaron el parque y siguieron ______________ por el campo de fútbol.

9 Ya estaba ______________, formarían varios grupos y visitarían cada casa en el barrio.

10 Pasó un buen rato y finalmente lo encontraron ______________ y descansando en el patio.

Nombre

Volando con las nubes

Declarativa:
Me gusta jugar al fútbol.

Interrogativa:
¿Cuándo es tu cumpleaños?

Imperativa:
Ayúdelos.

Exclamativa:
¡Qué lindo vestido!

Tipos de oraciones Lee las oraciones y añade los signos de puntuación correctos. Identifica el tipo de oración.

1. Qué van a hacer los volcanes

   ____

2. Explíquelo

   ____

3. Vamos a ayudar a los hombres porque son muy buenos

   ____

4. — Qué sorpresa —exclamaron los hombres

   ____

5. Teo, invítalo a la fiesta

   ____

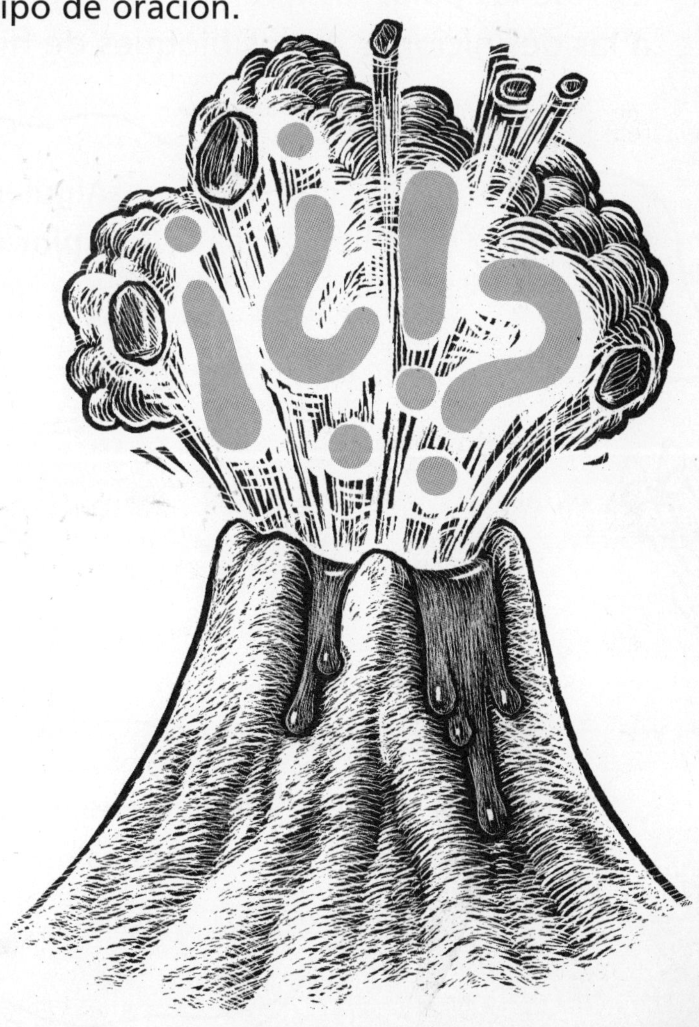

Nombre

Paso seguro

Palabras

1. explorador
2. vendedor
3. cazador
4. diseñador
5. jugador
6. cocinero
7. marinero
8. enfermero
9. jardinero
10. zapatero

Mi lista de estudio
¿Qué otras palabras necesitas para estudiar la ortografía? Añádelas a Mi lista de estudio para esta lección al final de este libro.

Sufijos Cada Palabra de ortografía lleva el sufijo *-dor* o *-ero.* Un sufijo es la parte de una palabra que viene al final de una palabra base o una raíz y que añade otro sentido a la palabra. Los sufijos *-dor* y *-ero* añaden el sentido de "alguien que".

Sufijo	Sentido	Palabra	Significado
-dor	alguien que	explora**dor**	alguien que explora
-ero	alguien que	cocin**ero**	alguien que cocina

Escribe las palabras que corresponden a las definiciones en los bloques de hielo.

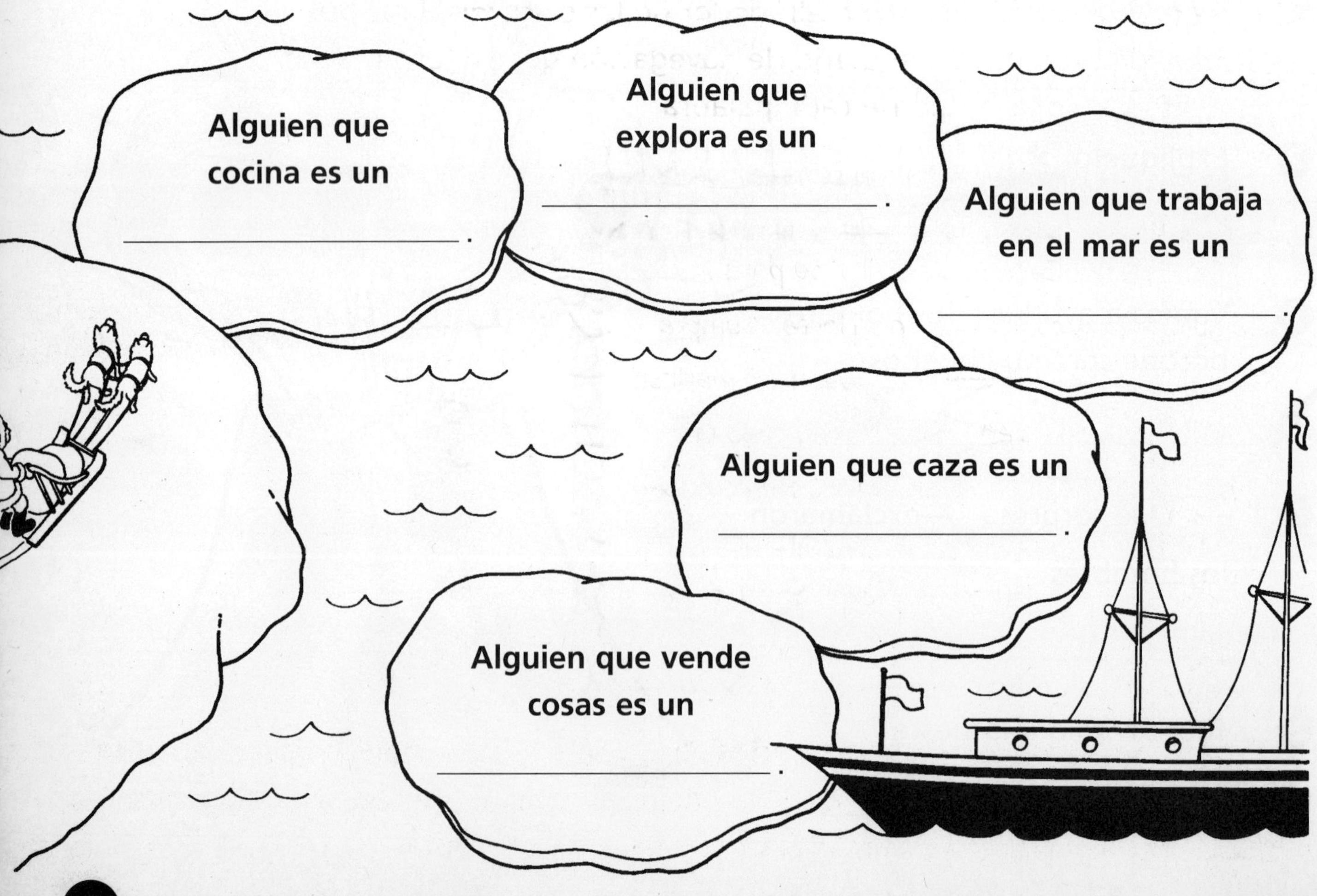

Nombre ______________________________

Parranda de palabras

Palabras	
1. explorador	6. cocinero
2. vendedor	7. marinero
3. cazador	8. enfermero
4. diseñador	9. jardinero
5. jugador	10. zapatero

Emparejar Empareja una palabra con cada objeto.

Ejemplo:	Objeto	Oficio
	dinero	banquero

Objeto	Oficio
1 juego	______________
2 pluma y papel	______________
3 zapatos	______________
4 plantas	______________
5 termómetro	______________

Correcciones Haz un círculo alrededor de las cinco palabras que están mal deletreadas en el diario de navegación de este explorador. Luego, escribe correctamente cada palabra.

5 de abril: Estamos casi listos para empezar la expedición al Polo Norte. Compré las provisiones del vendeodr. Juan, un mariner, limpió el barco y Pedro, el cocinreo, puso las provisiones en la bodega. Tenemos un cazadro en la expedición que va a cazar para que tengamos comida. José, el explorarod, tiene todos los mapas y las brújulas listos.

6 ______________

7 ______________

8 ______________

9 ______________

10 ______________

Pregúntale al explorador Imagina que vas a tener la oportunidad de entrevistar a un explorador. En una hoja de papel, escribe cinco preguntas que le harías sobre su viaje. Usa las palabras de la lista.

Nombre ______________________

VOCABULARIO
Sufijos que quieren decir "alguien que": *-dor; -ero*

Palabras del iglú

Haz un círculo alrededor de cada palabra que tenga un sufijo que quiera decir "alguien que". Luego, usa esas palabras para completar las frases.

1. El ______________ regresa en su barco con muchos peces.
2. Esteban es el mejor ______________ en el equipo de fútbol.
3. El ______________ del partido de tenis recibió un premio.
4. El ______________ ayuda a los niños en la clase de gimnasia.
5. Rubén fue al ______________ para comprar un reloj.
6. El barco llegó al puerto con la ayuda del ______________.
7. Al ______________ le encanta estar en la plaza de toros.
8. Guadalupe llamó al ______________ para que hiciera una nueva mesa.
9. Debes ir al ______________ para que te arregle los zapatos.
10. El ______________ se hizo rico con el oro que encontró.

Nombre ______________________________

Exploradores intrépidos

Sujetos y predicados Una computadora mezcló los predicados en el siguiente párrafo. En la columna de la izquierda, escribe los sujetos completos de las oraciones. En la columna de la derecha, escribe el predicado que corresponde a cada sujeto.

Una creciente humedad olfatearon. Las mujeres en la expedición alzó su hocico al olor del peligro que se les acercaba. Los perros, los trineos y el hielo no se daban cuenta del cambio. Algunos de los perros hacía que el aire frío se volviera pesado. Uno exigían toda su atención.

	SUJETO	PREDICADO
1		
2		
3		
4		
5		

Nombre ____________________

Viaje a las estrellas

Sílabas abiertas con *n, s* y *p*

Las sílabas abiertas son las que terminan en vocal. ***Urano***, por ejemplo, tiene 3 sílabas y todas son abiertas: ***U-ra-no***. En esta sección, vas a practicar las sílabas abiertas con ***n, s*** y ***p***.

nota **solo** **pero**

Escribe correctamente las palabras revueltas que corresponden a las definiciones. Las letras con círculos forman una palabra. Pista: Saturno tiene 18 de éstas.

Palabras de ortografía

1. **nave**
2. **nubes**
3. **naranja**
4. **noticias**
5. **pedazos**
6. **pasar**
7. **pequeño**
8. **sonidos**
9. **señales**
10. **solar**

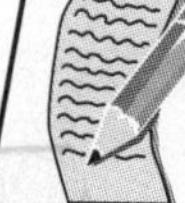

Mi lista de estudio
¿Qué otras palabras necesitas para estudiar ortografía? Añádelas a Mi lista de estudio para esta lección al final de este libro.

1. cubren algunos planetas **besun** ____________________

2. se viaja por el espacio en una de éstas **aven** ____________________

3. lo que se oye **sidonos** ____________________

JÚPITER

4. lo que se transmite por satélite **ñseesal** ____________________

5. información **otincais** ____________________

Respuesta: ____________________

Nombre ______________________________

Parranda de palabras

Palabras de ortografía

1. nave
2. nubes
3. naranja
4. noticias
5. pedazos
6. pasar
7. pequeño
8. sonidos
9. señales
10. solar

A través del universo Escribe la Palabra de ortografía que corresponda a cada pista del crucigrama.

Horizontal

2. partes pequeñas de algo
4. los astronautas viajan en esto
6. tiene que ver con el sol

Vertical

1. se transmiten por satélite
3. algo que se oye
5. un color

Correcciones Busca y haz un círculo alrededor de las cuatro Palabras de ortografía que están mal deletreadas en estas noticias de la radio. Luego, escribe cada palabra correctamente.

Hoy recibimos notisias de los astronautas. Dicen que van a passar una de las lunas de Saturno dentro de poco. Descubrieron que el planeta tiene anchos cinturones de nuves de muchos colores. Saturno es un planeta muy grande pero es más pecueño que Júpiter. ¡Hoy van a mandarnos fotos!

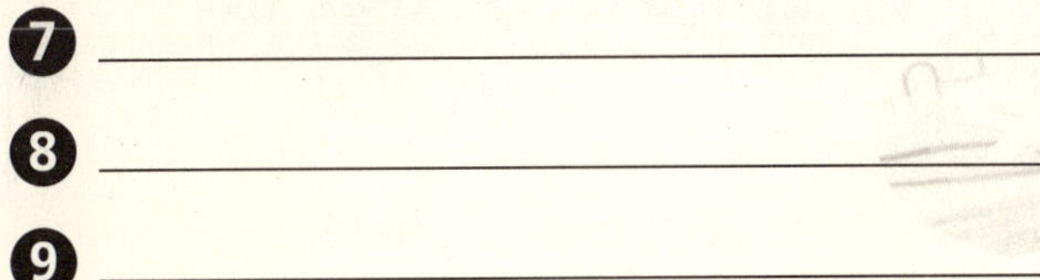

7 ______________________________
8 ______________________________
9 ______________________________
10 ______________________________

Te toca a ti Imagina que eres el piloto de la primera misión a Neptuno. En una hoja de papel, escribe un diálogo que podrías tener con el Control de la misión. Describe dónde estás, qué ves y cómo te sientes. Usa las Palabras de ortografía.

Nombre ______________________

Hablar categóricamente

¿Qué categoría corresponde en cada lista? Escribe los nombres de las categorías sobre las listas. Luego, agrega por lo menos una palabra más a cada lista.

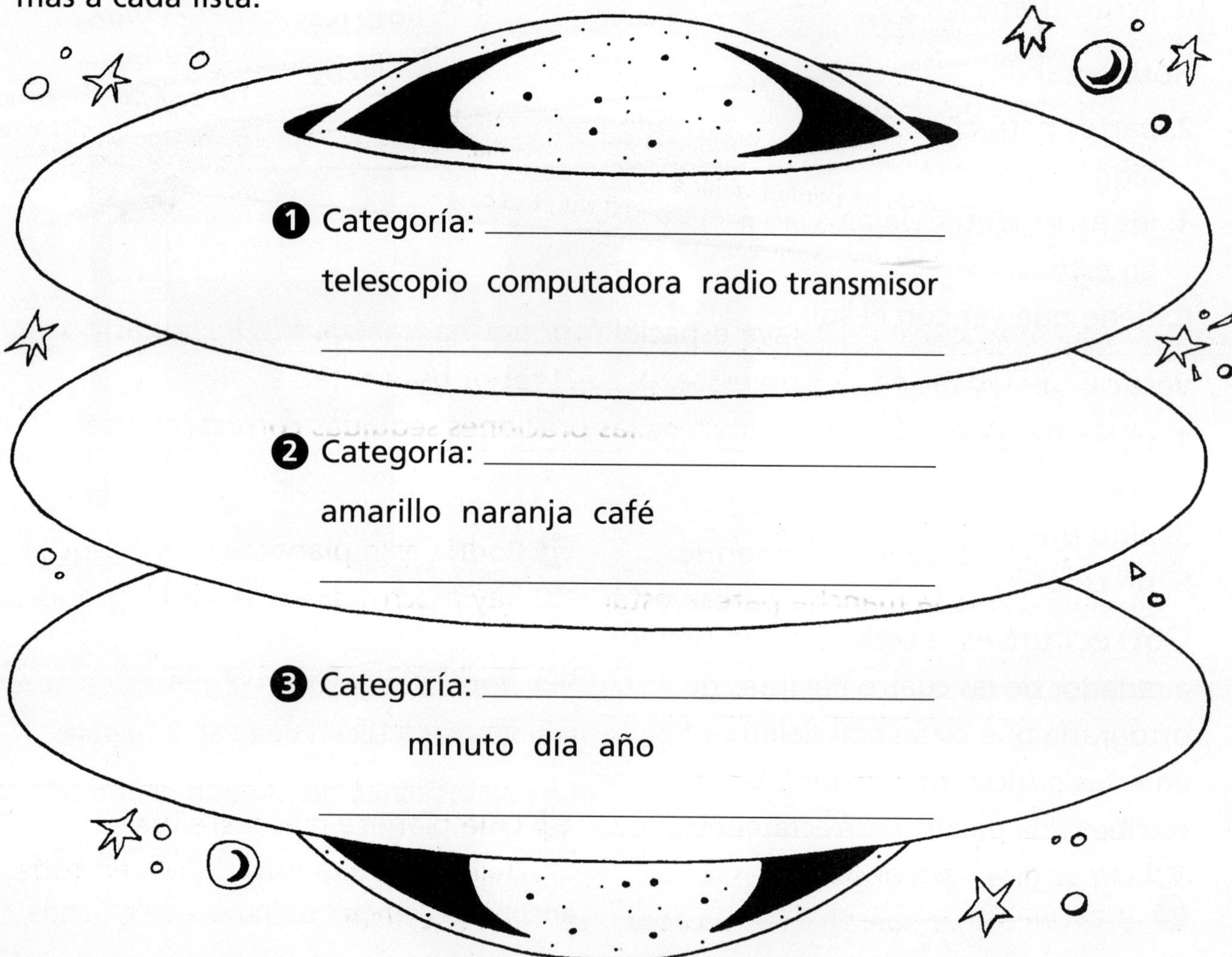

1. Categoría: ______________________

   telescopio computadora radio transmisor

   ____

2. Categoría: ______________________

   amarillo naranja café

   ____

3. Categoría: ______________________

   minuto día año

   ____

Encierra en un círculo la palabra que no pertenece a cada categoría. Luego di por qué no pertenece.

4. río montaña lago charca

____

5. España Australia California México

____

Nombre ______________________________

Conexiones con robots

Seguida:
Los astronautas no podían viajar a Neptuno una nave espacial robótica podía.

Correcta:
Los astronautas no podían viajar a Neptuno.
Una nave espacial robótica podía.

Correcta:
Los astronautas no podían viajar a Neptuno pero una nave espacial robótica podía.

Oraciones seguidas Una nave espacial robótica ha transmitido información sobre planetas recién descubiertos, pero el robot usa oraciones sin puntuación ni conjunciones. Escribe las oraciones seguidas correctamente.

1. Este planeta tiene una enorme mancha roja la mancha parece estar ardiendo.

   ____
   ____
   ____

2. Lunas giran alrededor de este planeta nueve fueron identificadas.

   ____
   ____
   ____

3. Este planeta parece tener muchas tormentas hay que verlo más de cerca.

   ____
   ____

4. Podría este planeta tener bosques hay muchas áreas verdes y grandes.

   ____
   ____
   ____

5. Qué planeta más increíble lucecitas pequeñas brillan en toda la superficie.

   ____
   ____
   ____

6. ¿Tiene montañas este planeta que tiene nubes encima tiene volcanes en erupción?

   ____
   ____

Nombre ______________________________

Un artículo

Lee el artículo de esta página. Encuentra y corrige nueve errores. Usa lo que sabes acerca de cómo hacer correcciones. Los ejemplos te pueden ayudar.

La exploración de cuevas

Durante el mes sigu‸[i]ente yo visitaré unas cuevas con el grupo de exploradores de mi escuela. El señor Sosa ‸[es] un buen exploradero y nos explicó que la exploración de una cueva es algo peligroso. El señor Sosa, como sobrevivente de una aventura trágica, nos recalcó que hay que prepararse bien para la exploración de cuevas.

Lógicamiente, nuestro líder nos explicó las reglas de seguridad. Nos explicó que los exploradores de cuevas utilizan equipo como los cascos y trajes especiales para protección contra las formaciones de piedras afiladas. Siempre hay que passar las formaciones con cuidado.

Qué otro equipo se utiliza? Los exploradores llevan dos lámparas luminosas porque la luz los a navegar entre las cuevas oscuras la regla más importante según el señor Sosa es ¡nunca explorar una cueva solo!

Nombre ______________________

Aullidos

Sílabas cerradas Una sílaba cerrada es una sílaba que termina en consonante. Cada palabra tiene por lo menos una sílaba cerrada. Escribe cada palabra en las líneas y haz un círculo alrededor de las sílabas cerradas.

Palabras

1. mundo
2. bosques
3. ambiente
4. hombre
5. leyendas
6. montañas
7. músculos
8. espeso
9. viento
10. gente

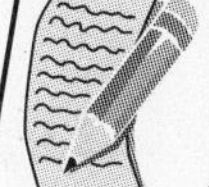

Mi lista de estudio
¿Qué otras palabras necesitas para estudiar ortografía? Añádelas a Mi lista de estudio para esta lección al final de este libro.

1. ______________________
2. ______________________
3. ______________________
4. ______________________
5. ______________________
6. ______________________
7. ______________________
8. ______________________
9. ______________________
10. ______________________

Nombre ______________________

Parranda de palabras

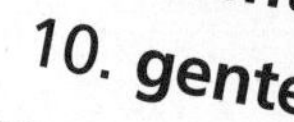

Palabras	
1. mundo	6. montañas
2. bosques	7. músculos
3. ambiente	8. espeso
4. hombre	9. viento
5. leyendas	10. gente

Palabras de lobo Escribe la Palabra que corresponde a cada pista.

1. lugares geográficos de mucha elevación ___ ___ ___ (___) ___ ___ ___ ___
2. la naturaleza, el entorno (___) ___ ___ ___ ___ ___ ___ ___
3. cuentos o fábulas (___) ___ ___ ___ ___ ___ ___ ___
4. el varón ___ (___) ___ ___ ___ ___
5. lo que mueve las hojas en los árboles ___ ___ ___ ___ ___ (___)
6. lugares con muchos árboles (___) ___ ___ ___ ___ ___ ___

Ahora, ordena las letras escritas dentro de los círculos para formar la palabra que significa un "lobo joven".

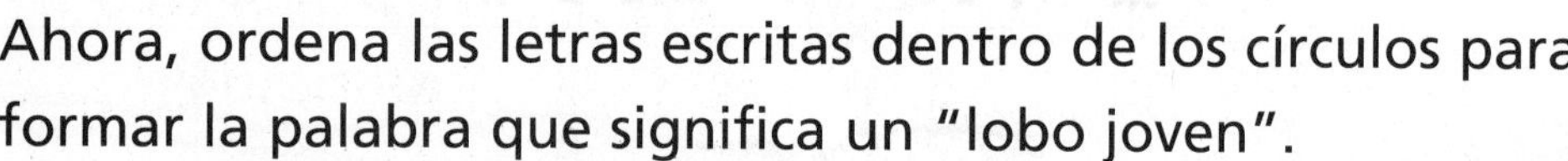

Palabra misteriosa: ___ ___ ___ ___ ___ ___

Correcciones Busca las cuatro palabras de la lista que están mal escritas y haz un círculo alrededor de cada una. Luego, escríbelas correctamente.

La jente sabe muy poco del lobo, un animal fascinante y misterioso. Como tiene múfculos grandes y fuertes, es un cazador excelente. Se encuentra en todas partes del muntho, incluso en las zonas heladas. Los lobos de temperaturas frías tienen el pelo epeso para protegerse contra el frío.

7. 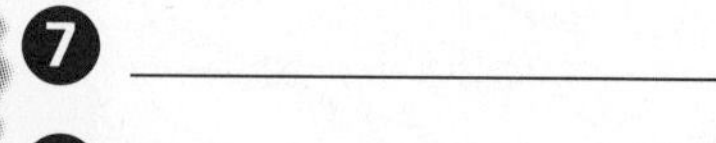
8. 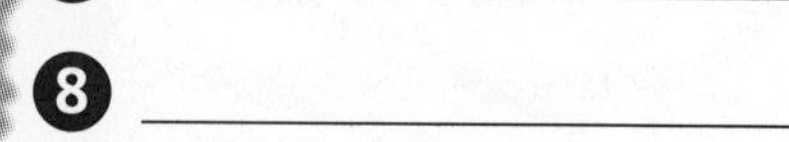
9. 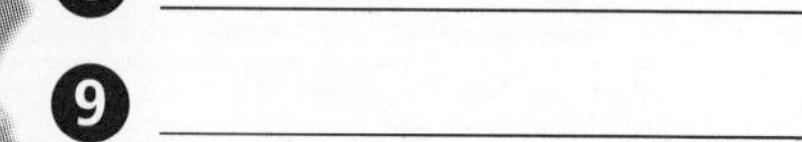
10. 

Éxitos aulladores Eres compositor de canciones y esperas recaudar fondos para rescatar a los lobos. En una hoja de papel, escribe los nombres de cuatro canciones que traten del lobo para incluir en tu próximo disco. Escribe con letra mayúscula la primera palabra del nombre. Usa las palabras de la lista.

Nombre ______________________________

¡Aullar!

Busca la definición que corresponda a la palabra en negrita de cada oración. Luego, escribe abajo en los espacios en blanco cada par de palabras homófonas.

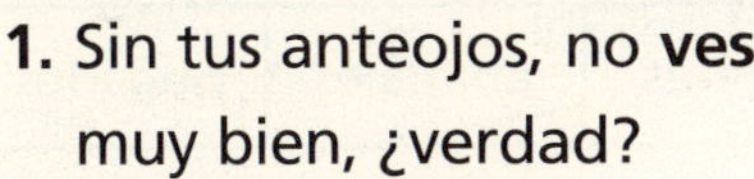

____ 1. Sin tus anteojos, no **ves** muy bien, ¿verdad?

____ 2. El niño **se calló** al observar los lobos.

____ 3. **Echo** la basura en el basurero, no en la calle.

____ 4. El lobo es un animal muy **bello** y fuerte.

____ 5. Un lobato **se cayó** al cruzar el río.

____ 6. Este bolso está **hecho** de cuero de reno.

____ 7. ¿Es la primera **vez** que ves un lobo?

____ 8. Encontramos una manada de lobos por **azar.**

____ 9. Pensamos **asar** la carne de res en la parrilla.

____ 10. Los ratoncitos al nacer están cubiertos por un **vello** fino.

a. tirar
b. casualidad; suerte
c. bonito o atractivo
d. pelo suave
e. compuesto o fabricado
f. guardó silencio
g. observar
h. ocasión
i. cocinar al fuego
j. antónimo de levantarse

11 ______________________ ______________________

12 ______________________ ______________________

13 ______________________ ______________________

14 ______________________ ______________________

15 ______________________ ______________________

Nombre

Crucigrama de palabras en plural

Singular	manada	rancho	cartón	vez	mujer	animal	ciudad
Plural	manadas	ranchos	cartones	veces	mujeres	animales	ciudades

Sustantivos en singular y en plural

Completa el crucigrama con la forma plural de cada sustantivo en singular. Usa un diccionario si es necesario.

Horizontal

2. árbol
7. castor
9. nave
10. oso
11. paloma
14. conejo
17. alce
18. nuez
19. personalidad

Vertical

1. pato
3. bosque
4. león
5. selva
6. ganso
8. rana
12. lobo
13. delfín
14. cola
15. pez
16. buey

Nombre ______________________

El trote de la zorra

¡Las huellas de los sufijos! Los sufijos del sustantivo modifican el significado de la palabra base, la cual es también, con frecuencia, otra parte de la oración.

universidad añadidura

Escribe junto a cada huella la Palabra con el sufijo correcto.

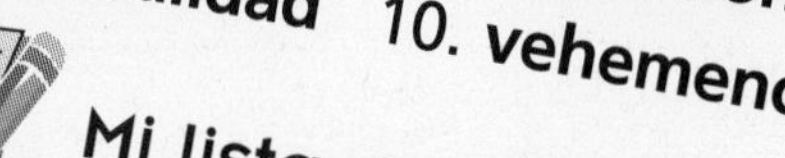

Palabras

1. **insolación**
2. **feminismo**
3. **habitación**
4. **preciosidad**
5. **casualidad**
6. **ternura**
7. **alpinista**
8. **desesperación**
9. **sensación**
10. **vehemencia**

Mi lista de estudio
¿Qué otras palabras necesitas para estudiar ortografía? Añádelas a Mi lista de estudio para esta lección al final de este cuaderno.

palabra base + *-dad*

1 ______________________
2 ______________________

palabra base + *-ción*

3 ______________________
4 ______________________
5 ______________________
6 ______________________

palabra base + *-ismo*

7 ______________________

palabra base + *-ura*

8 ______________________

palabra base + *-ista*

9 ______________________

palabra base + *-encia*

10 ______________________

Nombre

ORTOGRAFÍA Los sufijos de sustantivos: *-dad, -ción, -ura, -ismo, -ista, -ancia* y *-encia*

Parranda de palabras

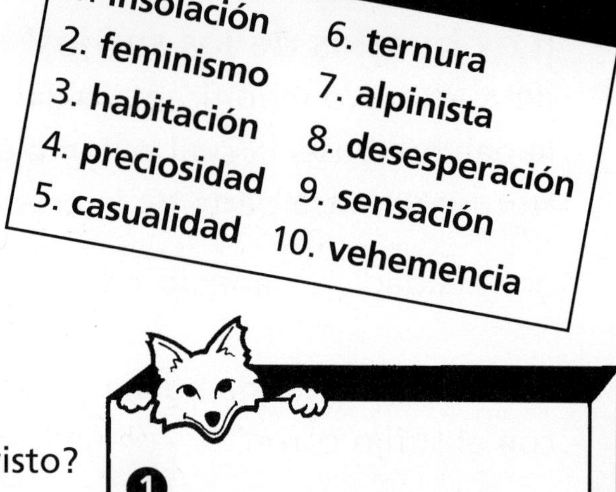

Palabras en cajas Escribe la Palabra que conteste cada pregunta.

1. ¿Cuál es la cualidad de ser tierno, sensible?
2. Un sinónimo de cuarto, pieza o dormitorio.
3. ¿Cuál es la ideología que defiende los derechos de la mujer?
4. ¿Qué palabra significa azar o suceso imprevisto?
5. ¿Cómo se le llama a una persona que escala montañas?
6. ¿Qué te da si te expones demasiado al sol?

1 ______
2 ______
3 ______
4 ______
5 ______
6 ______

Correcciones Encuentra y haz un círculo alrededor de cuatro palabras con faltas de ortografía en estas notas de un fotógrafo de la naturaleza. Después escribe cada palabra correctamente.

7. Intenta captar un atardecer en el campo que sea una presiocidad.
8. No caigas en la decesperasión cuando las crías de zorros no se dejen fotografiar.
9. Mantén una censasión de calma si alguna zorra salvaje intenta atacar.
10. Deseo la causalidad afortunada de tomar una buena fotografía del zorrito.

7 ______ 9 ______
8 ______ 10 ______

Desde el punto de vista del animal Imagina que eres un animal salvaje. ¿Eres una zorra que roba gallinas? ¿Un mapache husmeando en los botes de basura? ¿Qué opinión tienes de la gente? Declara tu punto de vista en un párrafo breve. Incluye al menos tres razones que señalen por qué piensas así. Usa las Palabras de la lista.

Nombre ______________________________

¡La caza de los sufijos!

Haz un círculo alrededor de los sufijos *-dad, -ción, -ura, -ismo, -ista, -ancia* y *-encia* en la senda de la zorra. Usa las palabras en círculos para completar el cuento.

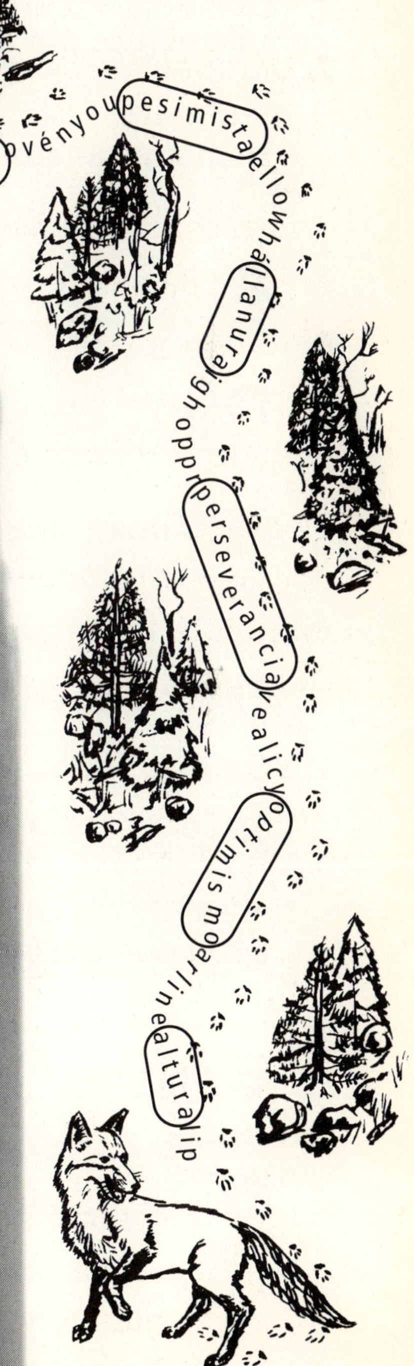

Para cazar la zorra tendrían que atravesar la ________________. Entre los cazadores iba un hombre que quería proteger la zorra y su cachorrito. Tenía que actuar con _____________ para no revelarles su intención de defender el animal que ahora perseguían. La ___________ y _____________ con que los cazadores rastreaban la zona eran motivo de _____________. Pero él no quería ser _____________.

El _____________ con que había empezado la aventura tendría que mantenerse firme.

Él pensaba en todo esto cuando escuchó desde la _____________ del monte un aullido corto y agudo. La zorra estaba a salvo. Nunca la alcanzarían.

Nombre ______________________________

Viaje por el bosque

Pronombres personales Lee las oraciones. Luego, escribe cada oración sustituyendo pronombres personales o complementos por las partes subrayadas.

Ejemplo: Las ardillas consideran al bosque su patio de recreo.
Las ardillas lo consideran su patio de recreo.

1. Ella mira la madriguera de la zorra entre los arbustos.
____

2. Daniel y yo escuchamos los gorjeos de los pajaritos.
____

3. La muchacha encontró la cueva de los murciélagos en el límite del barranco.
____

4. Busca en el pantano para ver el recodo de los castores.
____

5. Sergio y Clara siguieron la parvada de gansos.
____

6. El puercoespín tiene este tronco hueco como su hogar.
____

7. Observa los capullos de las mariposas.
____

8. Jorge, Nicolás y usted rastrean las huellas de un venado.
____

1 2 3 4 5 6 7 8

Nombre ______________________________

Sufijos

Los sufijos diminutivos

-ito, -ita
-cito, -cita

Los sufijos aumentativos

-ón, -ona

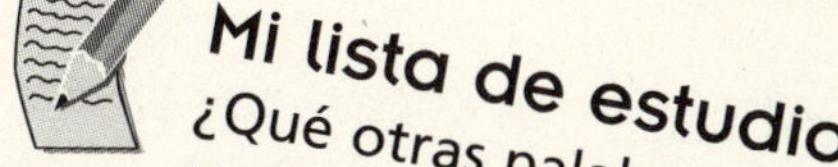

Palabras

1. alitas
2. amigón
3. animalitos
4. halconcito
5. garronas
6. jaulita
7. manchitas
8. manitas
9. nidito
10. pajaritos

Mi lista de estudio
¿Qué otras palabras necesitas para estudiar ortografía? Añádelas a Mi lista de estudio para esta lección al final de este cuaderno.

Escribe la Palabra que completa la oración.

1. El nido es pequeño. Es un ______________________.
2. Los pájaros crecieron mucho. Ya no son ______________________.
3. El niño tiene manos minúsculas. Tiene ______________________.
4. Esta jaula no es lo suficientemente grande. Es una ______________________.
5. Las manchas pequeñas no cambiaron. Aún son ______________________.

Lee el párrafo Subraya los cinco sustantivos del párrafo que se pueden combinar con un sufijo para formar una Palabra. Escribe las respuestas en las líneas.

El ______________________ bajó con más elegancia que nunca. Batió sus ______________________ para posarse en mi brazo extendido. Jamás esperaba yo tener una amistad tan profunda y sincera con un ______________________ . Ese día, no sabía que mi ______________________ no volvería a visitarme. No sabía que sus ______________________ me apretaban el brazo por última vez, como abrazo de despedida. Subió al aire, hacia el amanecer, hacia la libertad.

6. ______________________
7. ______________________
8. ______________________
9. ______________________
10. ______________________

Nombre ______________________________

Parranda de palabras

Palabras

1. alitas
2. amigón
3. animalitos
4. halconcito
5. garronas
6. jaulita
7. manchitas
8. manitas
9. nidito
10. pajaritos

Correcciones Haz un círculo alrededor de las seis Palabras mal deletreadas en esta carta. Luego, escribe las palabras correctamente en las líneas.

> Querida abuelita:
>
> Esta mañana visité a mi amigónn que tiene un halconsito en una jauleta. Hace unas semanas mi amigo encontró tres pagaritos todavía sin plumas en un nedito. Ahora sólo le queda uno y las marchitas en sus plumas son negras y se ven claramente.

1 ______________________

2 ______________________

3 ______________________

4 ______________________

5 ______________________

6 ______________________

Supuesto opuesto El amo del halconcito a menudo se confunde. Escribe una palabra de ortografía que significa lo contrario de la palabra subrayada en su mensaje.

> Los animalones pueden enseñar a los jóvenes la responsabilidad y el cariño. Ellos pueden aprender cómo limpiar las jaulonas, o cómo cuidar las alonas frágiles de pajarotes.

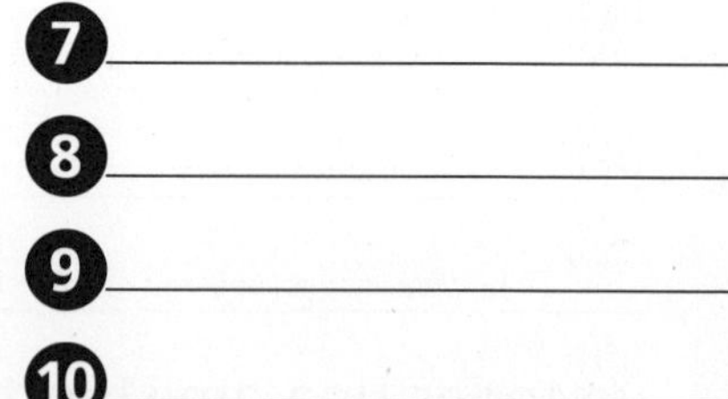

Una vista salvaje Es difícil estudiar algunos animales en su medio, pero un programa de televisión te puede mostrar mucho. ¿Qué te gustaría ver en un programa sobre tu animal favorito? En una hoja de papel, haz una lista de oraciones que expliquen qué detalles deben incluirse en un programa de televisión. Usa las Palabras de ortografía.

Nombre ______________________________

Dos mundos

Lee los párrafos. Subraya los pares de palabras que pueden convertirse en una palabra usando los sufijos de la tabla.

SUFIJO	SENTIDO
-ito, -ita, -cito, -cita	pequeño/a
-ón, -ona	grande

El pequeño pájaro me necesitaba cuando lo compré y lo traje a nuestra finca grande. Ya yo tenía una jaula pequeña. Puse la jaula en una mesa pequeña en mi cuarto, y allí el halcón pequeño creció por varios días. Mi halcón se hizo un pájaro grande y tuve que construir una jaula grande. Pero aun en la jaula nueva, noté una tristeza en los ojos pequeños del halcón. Entendía yo que el pequeño mundo de alambre no era suficiente para un ave salvaje. Su mundo natural no restringiría la expansión ni el poder de sus alas grandes.

Ahora, escribe las palabras subrayadas. Luego, usa la tabla para combinar el sustantivo con el sufijo apropiado y escribe una palabra nueva.

1. ______________________________
2. ______________________________
 3. ______________________________
 4. ______________________________
 5. ______________________________
 6. ______________________________
7. ______________________________
8. ______________________________
 9. ______________________________
10. ______________________________

Nombre ______________________

Diario de Puerto Rico

Susana escribió un diario durante su verano en Puerto Rico, pero lo escribió rápidamente y sin cuidado. Usa los signos indicados y corrige los errores que hizo en los sustantivos comunes y propios. Se incluyen dos ejemplos.

Signos de corrección

- **/ Haz una minúscula.**
- **≡ Haz una mayúscula.**

Sustantivos

sustantivos comunes	**sustantivos propios**
hermano	Vicente
tienda	Corte Inglés
edificio	la Casa Blanca

14 de julio, san Juan, Puerto rico

Estoy aprendiendo muchas Cosas. Mi Abuelo pensaba que yo venía aquí sólo para bañarme en las Playas detrás del Hotel real y dormir todo el Día en mi Cuarto, pero hasta ahora, tomé el Sol sólo una Tarde. Fui con mi Amigo nuevo, fernando, al Pueblo de isabela que está en el noroeste de esta Isla. Ayer fuimos a un Parque. Se llama el yunque. Allí pude ver muchas especies de Plantas y Animales interesantes.

Ahora, escribe las palabras corregidas en el lugar apropiado de la tabla.

Sustantivos comunes		Sustantivos propios

Nombre

Una carta

Lee el artículo de esta página. Encuentra y corrige nueve errores. Usa lo que sabes acerca de cómo hacer correcciones. Los ejemplos te pueden ayudar.

Editor, Periódico El Norte

Monterrey, Nuevo León

Estimado señor editor

Hace años me mudé a esta parte del ~~mudo~~ mundo debido a la abundancia de bosaques y hermosas montañas. Soy alpinismo de corazón y yo he llegado a admirar la vida silvestre que existe alrededor de mi propiedad. Es hermoso compartir la preciosidad de la Naturaleza con todos los animaletos.

Ahora otras familia han empezado a habitar el lugar. Temo que esto se vuelva una amenaza para el ambientes natural de los animales. Al construir una casa aquí, el hombre destruye el hogar de otro. Yo te pido a aquéllos que tienen interés en la conservación que asistan a una reunión en el palacio Municipal el 19 de abril.

Atentamente

lupita Rojas

Nombre ______________________

Categorizar palabras

Sufijos adjetivales Muchos adjetivos se forman con una palabra base más uno de los sufijos siguientes: *-ante, -able, -ísimo, -ivo, -ado* u *-oso.*

Palabras

1. amistosa
2. atractivo
3. cariñosa
4. delgados
5. delicados
6. desagradable
7. importante
8. nerviosísima
9. pegados
10. pintadas

Mi lista de estudio
¿De qué otras palabras necesitas estudiar la ortografía? Añádelas a Mi lista de estudio para esta lección al final de este libro.

Busca el sufijo en cada Palabra de la lista. Luego, escribe la palabra y el sufijo que le corresponda.

Nombre ______________________________

Parranda de palabras

1. amistosa
2. atractivo
3. cariñosa
4. delgados
5. delicados
6. desagradable
7. importante
8. nerviosísima
9. pegados
10. pintadas

¡Adivínala! Escribe la Palabra de la lista que pertenece a cada grupo de palabras.

1. antipático, aburrido, ______________
2. frágil, débil, ______________
3. significante, fundamental, ______________
4. angustiado, ansioso, ______________
5. flaco, esbelto, ______________

Correcciones Haz un círculo alrededor de las palabras con sufijos incorrectos en esta carta. Escríbelas correctamente en el espacio en blanco.

Querida Mari:

Mi salón de clases es muy atractante. Tenemos muchas fotos pegivos a la pared. Conocí una buena amiga; se llama Elena. Es amistada y cariñable y lleva las uñas pintosas de rosa.

En la próxima carta te mandaré unas fotos.

Tu amiga,
Sarita

6. ______________
7. ______________
8. ______________
9. ______________
10. ______________

Mi primer día de clases Piensa en el primer día que pasaste en esta escuela. ¿Tenías miedo? ¿Estabas nervioso? ¿Hiciste nuevos amigos? ¿Te perdiste? En una hoja de papel, describe ese día como si escribieras en un diario. Usa las Palabras de la lista.

Nombre ______________________________

Borbotón de palabras

Descifra las impresiones siguientes para saber cómo se sintió tu amiga en su primer día de clases.

1. Estaba muy **aviernos** el primer día. ______________________
2. Al principio pensé que la escuela sería muy **gleadresadab.** ______________________
3. Realmente, mis compañeros son muy **sertisenaten.** ______________________
4. La maestra es una persona muy **ideacdad.** ______________________
5. Estoy contenta, la escuela es **peirentosiamn.** ______________________

Escribe el sufijo adjetival que pertenece a cada respuesta.

1. ______________________
2. ______________________
3. ______________________
4. ______________________
5. ______________________

Nombre ______________________________

Billete sencillo

Concordancia de adjetivos y sustantivos Lisa necesita terminar su primer trabajo escrito. Se trata de su mudanza a los Estados Unidos. Ayúdala a hacer la concordancia entre los adjetivos y los sustantivos para completar su trabajo.

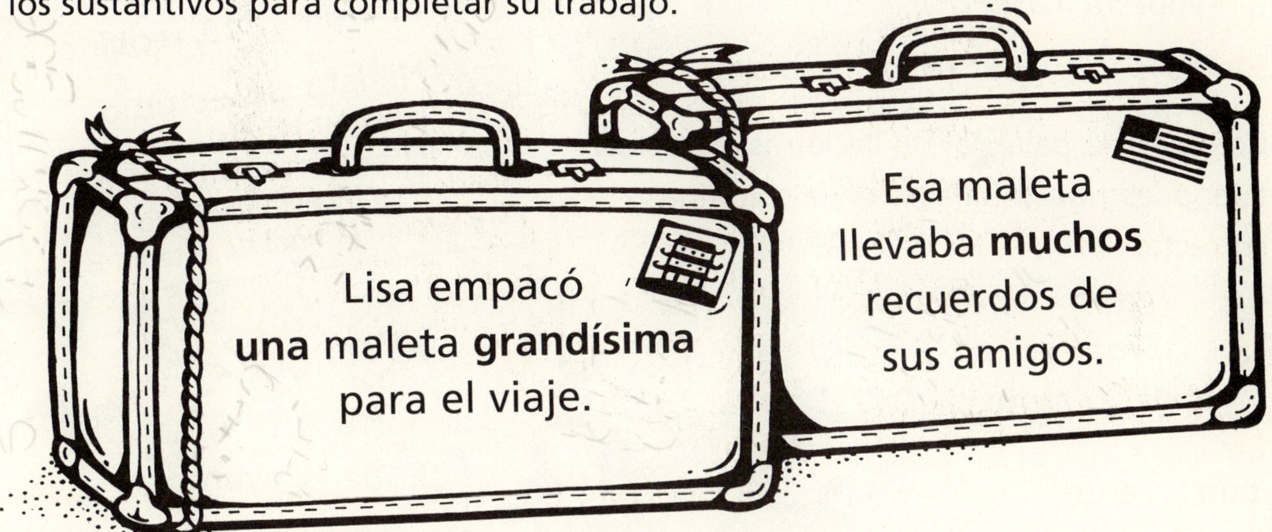

Yo tenía ______________ (muy, mucho) miedo cuando papá me dijo que íbamos a hacer un viaje ______________ (largas, largo) ¡al otro lado del mundo! Mi madre me llevó a ______________ (varias, vario) tiendas ______________ (interesante, interesantes) donde compramos ______________ (nueva, nuevas) maletas ______________ (fuertes, fuertas) para el viaje. Me dijo que tenía que llevarlo todo en ______________ (dos, dose) maletas. Me parecía bien, pero cuando empecé a empacar, me di cuenta de que iba a tener que dejar ______________ (mucha, muchas) cosas. La noche antes de salir, puse todo lo que no me cabía en ______________ (una, un) caja. Cuando me preguntaron para qué era la caja, dije: —Es para la ______________ (próximas, próxima) niña que venga a vivir aquí.

Nombre ________________________________

Copos y capas de nieve

Palabras con *s*, *c suave* y *z* Cada Palabra tiene el sonido /s/. Este sonido se escribe con la letra s o con *c suave* (antepuesta a e o *i*) y *z* (antepuesta a *a, o, o u*).

sonido /s/ situada recibir cabezas

Completa la palabra con las letras correctas. Luego, escribe la palabra en la columna correcta.

Palabras

1. situada
2. cabezas
3. empezaron
4. punzante
5. se casaron
6. desayuno
7. espalda
8. necesita
9. cocina
10. recibir

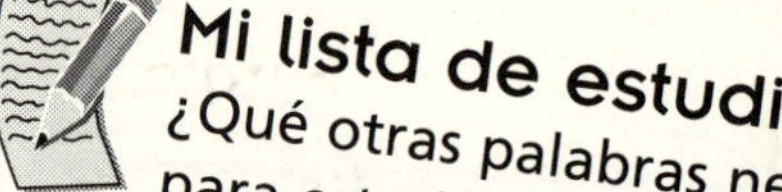

Mi lista de estudio
¿Qué otras palabras necesitas para estudiar ortografía? Añádelas a Mi lista de estudio para esta lección al final de este libro.

empe_Z_aron

pun_Z_ante

se ca_S_aron

co_C_ina

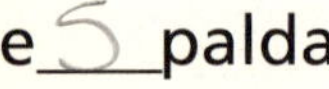

e_S_palda

de_S_ayuno

re_C_ibir

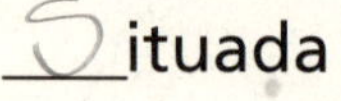

_S_ituada

cabe_Z_a_S_

ne_C_e_S_ita

Escribe cada palabra debajo de la pista correcta.

C suave

1. empezaron
2. punzante

S

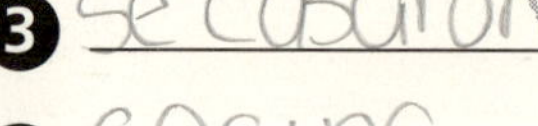

3. se casaron
4. cocina

5. espalda
6. desayuno

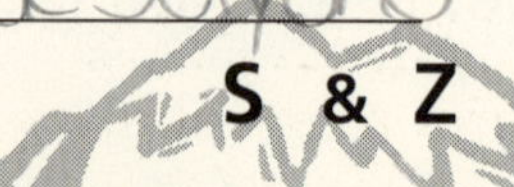

S & Z

7. recibir

S & C suave

8. situada

Z

9. cabezas
10. necesita

Nombre ______________________________

Parranda de palabras

Palabras

1. situada
2. cabezas
3. empezaron
4. punzante
5. se casaron
6. desayuno
7. espalda
8. necesita
9. cocina
10. recibir

En el párrafo siguiente debes sustituir las palabras subrayadas con un sinónimo. ¿Qué palabras de la lista podrías usar? Escríbelas abajo.

Los niños <u>comenzaron</u> a bajar de la casita del árbol y David se cayó. Sintió un dolor <u>intenso</u> en el costado. Al verlo, Sergio y Felipe se dijeron: —David <u>tiene que</u> ir al médico—, pero no querían asustar al amigo. Buscaron vendas en la casita <u>colocada</u> en las ramas del árbol para detener la sangre y ayudaron a David a caminar hacia el pueblo para <u>obtener</u> asistencia médica.

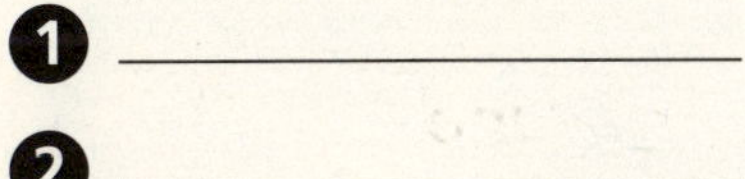

1 ______________________ 4 ______________________

2 ______________________ 5 ______________________

3 ______________________

Correcciones Haz un círculo alrededor de cada palabra mal escrita y escríbela correctamente.

Desde la cozina, Ana veía las cabesas de los caballos. Comió el dezayuno de prisa para salir a montar su caballo favorito, Avellana. Los padres de Ana compraron a Avellana el año que se cazaron. Ana lo quería mucho. Ana corrió hacia Avellana, silbando. Sin moderar el paso, saltó en la ezpalda de Avellana y le abrazó el cuello.

6 ______________________ 9 ______________________

7 ______________________ 10 ______________________

8 ______________________

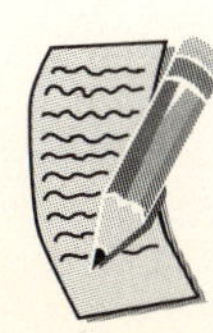

Palabras punzantes ¿Haz estado alguna vez en una situación vergonzosa? ¿Qué harías si lo estuvieras? ¿Cómo reaccionarías? Escribe un párrafo describiendo una situación difícil y tus reacciones. Usa Palabras de la lista.

Nombre

Comprensión

Resuelve el rompecabezas siguiente para saber por qué necesitas ir a la escuela. Usa palabras del cuadro para llenar los espacios en blanco. Ordena las letras dentro de los círculos para obtener la respuesta.

nervioso	caminar
arreglar	oración
alimento	calor
contento	jugar
delicioso	

1. Un antónimo de **frío**

   ◯ ___ ___ ___ ___

2. Un sinónimo de **pasear**

   ◯ ___ ___ ___ ___ ___ ___

3. Un sinónimo de **frase**

   ___ ___ ___ ___ ___ ◯ ___

4. Un antónimo de **pelear**

   ___ ◯ ___ ___ ___

5. Un antónimo de **tranquilo**

   ___ ___ ___ ___ ◯ ___ ___ ___

6. Un sinónimo de **rico**

   ◯ ___ ___ ___ ___ ___ ___ ___ ___

7. Un antónimo de **triste**

   ___ ___ ___ ___ ___ ◯ ___ ___

8. Un sinónimo de **comida**

   ___ ___ ___ ___ ◯ ___ ___ ___

9. Un sinónimo de **reparar**

   ___ ___ ___ ___ ___ ___ ◯ ___

Para llegar a ser un profesionista, necesitas recibir una buena:

___ ___ ___ ___ ___ ___ ___ ___ ___

Nombre ______________________

Zapatos

Comparar con adjetivos El calzado viene en muchos estilos, formas y tamaños. Completa las comparaciones entre los zapatos y las botas. Fíjate en la concordancia entre sujeto y adjetivo.

1. Las botas de don Paco son (grande) ______________________ las de Berto.
2. Los zapatos de la tía Pepa son (elegante) ______________________ de los tres pares.
3. Las botas de don Paco son (malo) ______________________ los zapatos de la tía Pepa.
4. El pie de la tía Pepa es (pequeño) ______________________ el pie de don Paco.
5. Las botas de Berto son (bueno) ______________________ las de don Paco.
6. Los zapatos de la tía Pepa son (estrecho) ______________________ las botas de Berto.

Ahora, escribe una oración original comparando los zapatos y las botas.

____

____

Nombre ______________________________

Falta algo

Palabras con *g* sonora Cada Palabra de la lista tiene una *g* sonora. La letra *g* es sonora ante las consonantes y las vocales *a, o* y *u.*

El equipo no puede ganar. Los jugadores son buenos pero falta algo. Busca en el banco las sílabas que los jugadores perdieron. Haz un círculo alrededor de cada sílaba y colócala en su posición correcta.

Palabras

1. agarrar
2. agradable
3. se alegraron
4. detengas
5. golpeaba
6. granjas
7. gritaba
8. lengua
9. preguntó
10. significaba

Mi lista de estudio
¿De qué otras palabras necesitas estudiar la ortografía? Añádelas a Mi lista de estudio para esta lección al final de este libro.

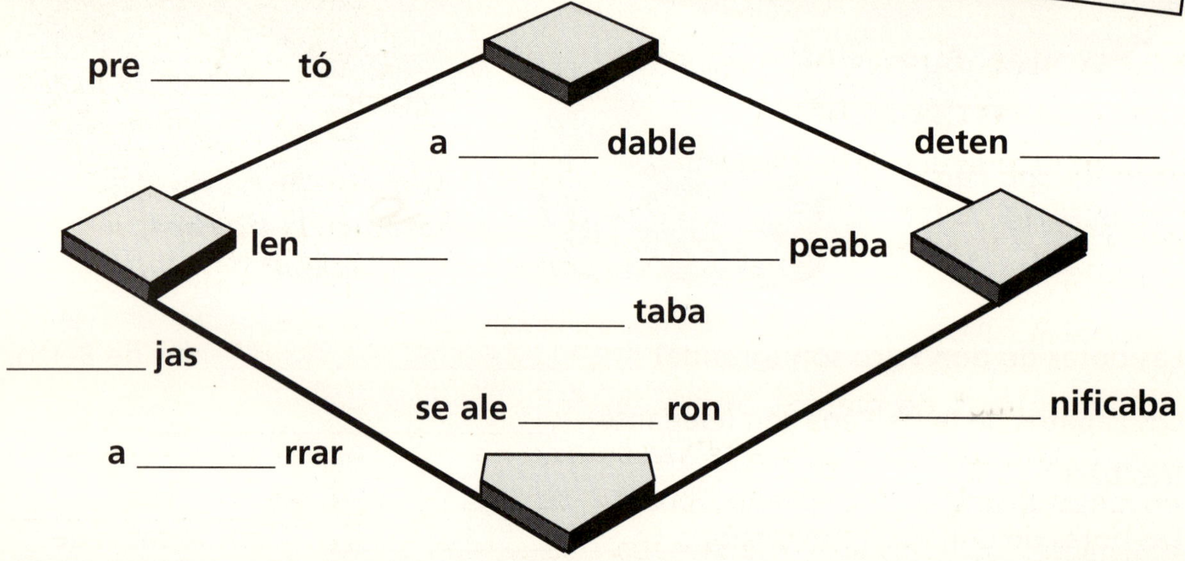

pre ________ tó

a ________ dable

deten ________

len ________

________ peaba

________ taba

________ jas

se ale ________ ron

________ nificaba

a ________ rrar

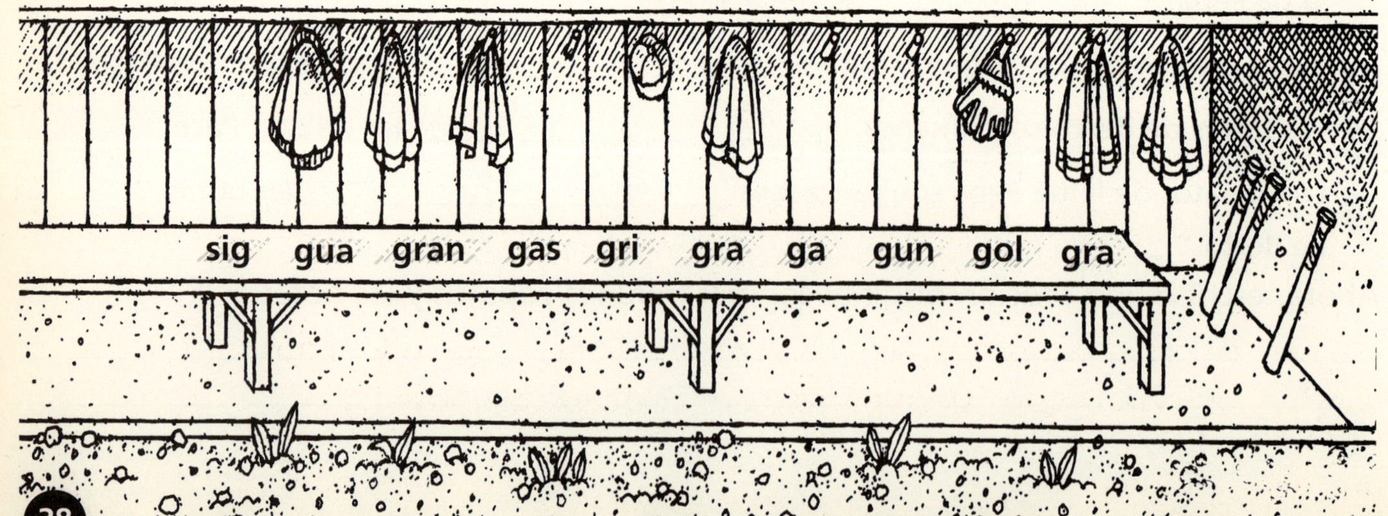

Nombre ____________________

Parranda de palabras

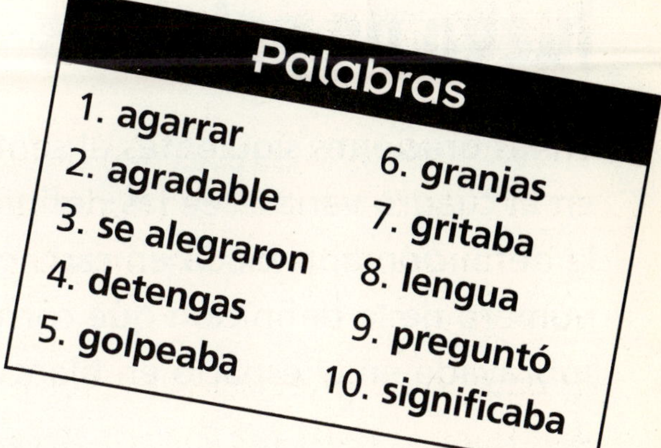

Sentido doble Escribe la Palabra de la lista que corresponda a las definiciones.

1. importar; querer decir: ____________
2. refrenar; parar: ____________
3. inquirir; interrogar: ____________
4. idioma; órgano oral: ____________

Correcciones Busca y haz un círculo alrededor de las cinco Palabras mal escritas en este artículo de periódico. Luego escríbelas bien.

Hoy fuimos de picnic. Mis hermanos se alegraeron al saber que estábamos al lado de unas grangas y que ellos podían ver los animales. El chiquito se acercaba demasiado a una cabra que golpeía un árbol con los cuernos. Yo le gritava que no se acercara más cuando trató de ajarrar la cabra. Afortunadamente el animal se asustó y huyó. Fue un día agradive a pesar de todo.

5. ____________
6. ____________
7. ____________
8. ____________
9. ____________
10. ____________

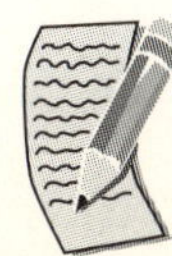

Un día pésimo ¿Alguna vez te salió mal un partido u otra actividad? Escribe un párrafo acerca de ese día. Usa las Palabras de la lista.

Nombre ______________________

Juego de palabras

En las oraciones siguientes el sentido de las palabras en el cuadro varía. Lee las definiciones para encontrar la definición apropiada en cada oración. Escribe el número de la definición que corresponda a la palabra subrayada en el espacio en blanco.

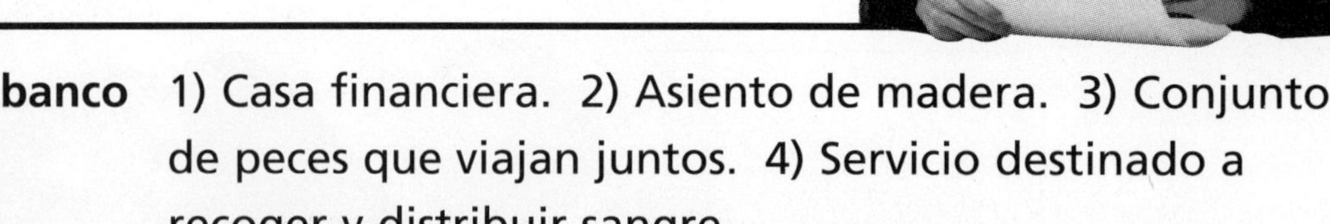

banco	1) Casa financiera. 2) Asiento de madera. 3) Conjunto de peces que viajan juntos. 4) Servicio destinado a recoger y distribuir sangre.
blanco	1) De color de nieve o leche. 2) Tabla que sirve para practicar el tiro.
cerca	1) Estar no muy lejos, junto a. 2) Vallado, barrera.
papel	1) Hoja seca y delgada que sirve para escribir, imprimir, envolver, etc. 2) Personaje representado por un actor.

1. Voy al banco para cambiar el cheque. _____
2. No puedo escribirle porque me falta papel. _____
3. Se sentó en el banco para mirar los peces en el río. _____
4. Vivimos muy cerca. Estamos a cinco minutos de aquí. _____
5. A Marta le gusta el pan blanco. _____
6. Una cerca separa los jardines. _____
7. ¿Quién hizo el papel de Esmeralda en la obra teatral? _____
8. Ella dio en el blanco. _____

Nombre ______________________________

Noticia urgente de béisbol

verbo de acción | complemento directo

La lanzadora levantó el trofeo.

En el periódico salió un artículo sobre tu equipo de béisbol favorito, Los Osos, pero ¡está incompleto! Para leerlo tienes que completar el artículo con las palabras del cuadro.

aniversario	los	uniforme	llevaban	trajeron
participaron	quitaron	jugadores	equipo	eliminó

Los Osos se hunden

Los Osos ____________________ en las finales por vigésima quinta vez. Formaron el ____________________ hace cuarenta años. Para celebrar el ____________________ de plata, el equipo estrenó un ____________________ nuevo. Siempre ____________________ uniformes de color café y blanco, pero hoy no. Como pájaros tropicales, los Osos ____________________ los colores de la selva al campo. Pero poco ____________________ ayudaron los brillantes amarillos y anaranjados. ____________________ al lanzador estrella porque les dio bases a diez ____________________ seguidos. El equipo más débil ____________________ al equipo favorecido. Fue triste la pérdida, pero —¡qué alegres los uniformes!

Nombre ______________________

Rompepalabras

Palabras compuestas Las Palabras de la lista son palabras compuestas. Cada palabra se compone de dos o más palabras más pequeñas.

toca + discos = tocadiscos

para + aguas = paraguas

Palabras

1. cumpleaños
2. espantapájaros
3. pelirrojos
4. tocadiscos
5. rompecabezas
6. lavaplatos
7. paraguas
8. cortacésped
9. trabalenguas
10. malcrías

Mi lista de estudio

¿De qué otras palabras necesitas estudiar la ortografía? Añádelas a Mi lista de estudio para esta lección al final de este libro.

En el rompecabezas, unas palabras compuestas fueron divididas en sus palabras base. Haz un círculo alrededor de las palabras base en el rompecabezas, y escribe las palabras compuestas en los espacios en blanco.

____

____

____

____

____

____

____

____

Z	D	E	H	R	Q	P	O	L	Y	T	G
S	E	A	I	O	R	G	H	K	E	D	L
D	R	L	F	M	Y	O	Y	S	X	A	E
J	E	K	Y	P	F	R	J	R	B	H	N
P	C	A	B	E	Z	A	S	A	D	W	G
S	Q	K	J	D	F	D	R	C	S	P	U
C	É	S	P	E	D	T	A	D	J	Á	A
U	O	Z	W	L	K	R	F	O	O	J	S
M	R	R	K	E	S	P	A	N	T	A	Y
P	F	G	T	A	S	L	C	V	M	R	S
L	N	T	Ñ	A	L	A	V	A	Í	O	S
E	A	Ñ	O	S	R	T	A	S	C	S	A
S	C	L	J	C	T	O	R	S	O	P	Í
S	Q	H	G	N	A	S	I	B	C	R	R
R	T	Q	J	H	D	D	R	M	A	L	C

Nombre

Parranda de palabras

Palabras

1. cumpleaños
2. espantapájaros
3. pelirrojos
4. tocadiscos
5. rompecabezas
6. lavaplatos
7. paraguas
8. cortacésped
9. trabalenguas
10. malcrías

Correcciones Haz un círculo alrededor de las cinco palabras mal escritas. Luego escribe las palabras correctamente.

Cristina: Mañana es mi cumpleanyos. Espero que mis padres me den un tomadiscos.

Román: Mi papá quería un televisor para el Día de los Padres, pero mi mamá le dio un cortasésped y un espantapáharos para el jardín.

Cristina: El año pasado me dieron dos rompecabesas.

1. ______
2. ______
3. ______
4. ______
5. ______

Decorado descifrable Hay un dibujo en cada escenario. Escribe la Palabra que describe cada dibujo.

Ejemplo:

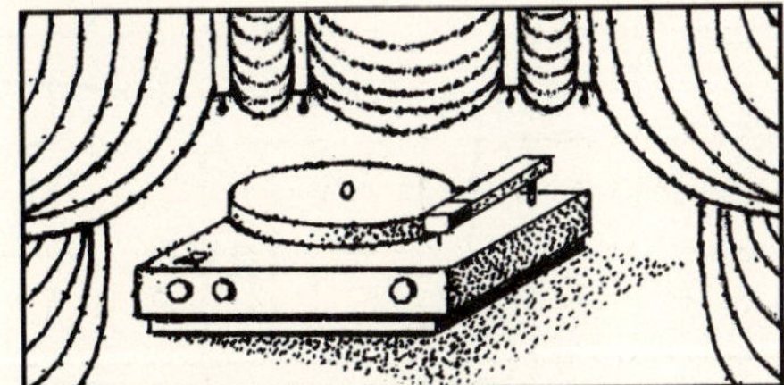

Deseos de cumpleaños Imagina que mañana es tu cumpleaños. Escribe una conversación con tu mejor amigo sobre dos temas: los regalos que quieres y la fiesta. Usa las Palabras de la lista.

Nombre ______________________

Palabras compuestas

Necesitas emparejar las tarjetas antes de llegar a clase. Dibuja una línea entre las tarjetas que deben emparejarse y escribe la palabra compuesta en el espacio en blanco.

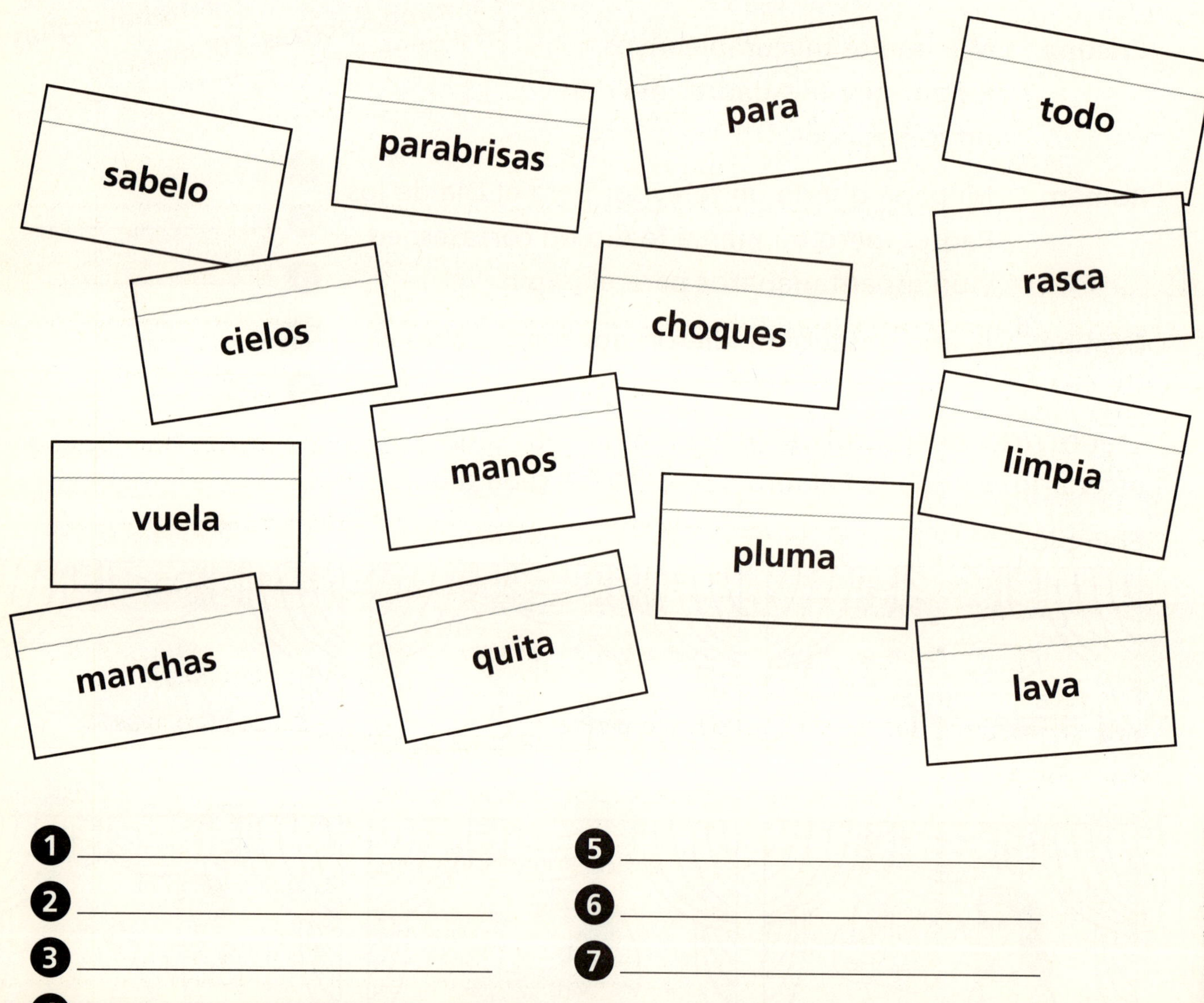

1. ______________________
2. ______________________
3. ______________________
4. ______________________
5. ______________________
6. ______________________
7. ______________________

Dos de las respuestas se componen de tres palabras más pequeñas. ¿Cuáles son?

______________________ ______________________

Nombre ______________________________

¡Puerto Rico!

Verbos copulativos Crea un folleto de viaje sobre la isla de Puerto Rico. Escoge la palabra más apropiada para cada espacio en blanco.

sujeto — verbo copulativo — sustantivo predicativo

Puerto Rico es una isla.

sujeto — verbo copulativo — adjetivo predicativo

El mar parece tranquilo.

- sabrosísimos
- lugar
- está
- nadador
- tentador
- pequeño
- isla
- se sentirá
- son
- exquisitas
- especiales
- feliz
- son
- parece

Puerto Rico ________ (verbo copulativo) ________ (adjetivo predicativo) en el mapa. Sin embargo, es una ________ (sustantivo predicativo) caribeña de gran hermosura. Las flores ________ (verbo copulativo) ________ (adjetivo predicativo). Los plátanos ________ (verbo copulativo) ________ (adjetivo predicativo). Casi siempre hace buen tiempo; el cielo apenas ________ (verbo copulativo) nublado. La isla es un ________ (sustantivo predicativo) perfecto para los turistas. El océano parece ________ (adjetivo predicativo) desde las playas. Disfrutará de su belleza aunque usted no sea ________ (sustantivo predicativo). Los recuerdos que se llevará de Puerto Rico serán ________ (adjetivo predicativo), y al volver del viaje ________ (verbo copulativo) tranquilo y ________ (adjetivo predicativo).

Ahora escribe dos oraciones publicitarias de Puerto Rico. Usa un verbo copulativo en la primera y un verbo de acción en la segunda.

1. ______________________________ (verbo copulativo)

2. ______________________________ (verbo de acción)

Nombre

Una postal

Lee el artículo de esta página. Encuentra y corrige nueve errores. Usa lo que sabes acerca de cómo hacer correcciones. Los ejemplos te pueden ayudar.

Querida Tía Mariana:

Ayer fue un día ~~tanto~~ tan divertido. Después del ~~dezahuno~~ desayuno, el tío Carlos nos llevó a pescar en su bote. Este bote es el más mejor que he visto, pues ¡tiene hasta cozina! Ana y yo nos sentamos en la popa del bote. Ana iba nervosísima ya que nos teníamos que agarrar bien para no caernos al agua.

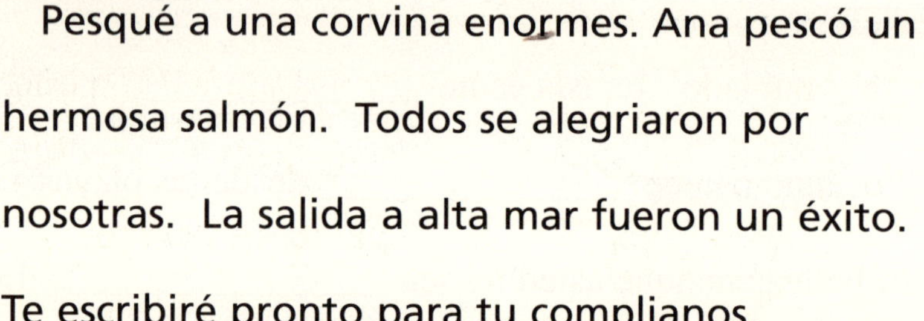

Pesqué a una corvina enormes. Ana pescó un hermosa salmón. Todos se alegriaron por nosotras. La salida a alta mar fueron un éxito. Te escribiré pronto para tu complianos.

Con cariño,

Elena

Sra. Mariana Green

346 Q St., NW

Washinton, DC 20007

Nombre ______________________________

Hora de limpiar

Palabras con combinaciones con *r*

Recuerda que en español existen muchas palabras que llevan la letra *r* tras una consonante en la misma sílaba. Su pronunciación y su escritura resultan fáciles si las practicas.

después de *t* (*tra, tre, tri, tro, tru*): mos - **tra** - dor
después de *p* (*pra, pre, pri, pro, pru*): des - **pre** - cio
después de *g* (*gra, gre, gri, gro, gru*): **gri** - tar
después de *b* (*bra, bre, bri, bro, bru*): **bra** - zo

Palabras

1. **mostrador**
2. **gritar**
3. **brazo**
4. **mientras**
5. **eléctrica**
6. **lágrimas**
7. **trozos**
8. **palabras**
9. **de pronto**
10. **a través de**

Mi lista de estudio
¿De qué otras palabras necesitas estudiar la ortografía? Añádelas a Mi lista de estudio para esta lección al final de este libro.

Ayuda a limpiar el desorden de palabras que dejó el tornado. Llena los espacios en blanco con la sílaba que corresponda. Recuerda que debe ser una sílaba que contenga r después de otra consonante. Luego, escribe las palabras en la lista apropiada.

mos ________ dor
________ tar
________ zo
mien ________
eléc ________ ca
lá ________ mas
________ zos
pala ________
de ________ to
a ________ vés de

palabras con *tr*

1. ________________
2. ________________
3. ________________
4. ________________
5. ________________

palabras con *pr*

6. ________________

palabras con *gr*

7. ________________
8. ________________

palabras con *br*

9. ________________
10. ________________

Parranda de palabras

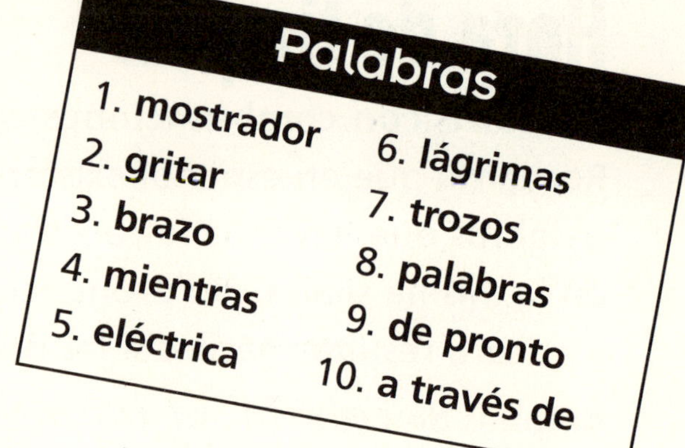
Palabras
1. mostrador
2. gritar
3. brazo
4. mientras
5. eléctrica
6. lágrimas
7. trozos
8. palabras
9. de pronto
10. a través de

Para tu supervivencia Escribe una palabra para completar cada tarjeta de este juego de mesa sobre supervivencia.

1. En el momento de alerta no dejas que tu hermanito salga de la casa ______________ la ventana.
Avanza un espacio.

2. Es importante revisar la instalación ______________ para que no nos ocasione problemas en casos de emergencia.
Toma un turno extra.

3. ______________ el tornado cambia de dirección.
Avanza tres espacios.

4. Gritas ______________ corres y ahora todos tenemos miedo.
Pierdes un turno.

Correcciones Busca seis palabras de la lista que estén mal deletreadas. Haz un círculo alrededor de ellas. Luego, escríbelas correctamente.

En la primavera uno debe estar preparado para actuar si hay un tornado. Es imprescindible escuchar con toda atención las parlabas e instrucciones en la radio. Los que empiecen a glitar o tengan lagtrimas en los ojos necesitarán que alguien los tome del brazo y los lleve a un lugar seguro. Uno puede esconderse debajo de un motsrador o en un cuarto sin ventanas donde tozos de vidrio no lo alcanzarán. Al seguir estas instrucciones, uno puede mantenerse seguro durante un tornado.

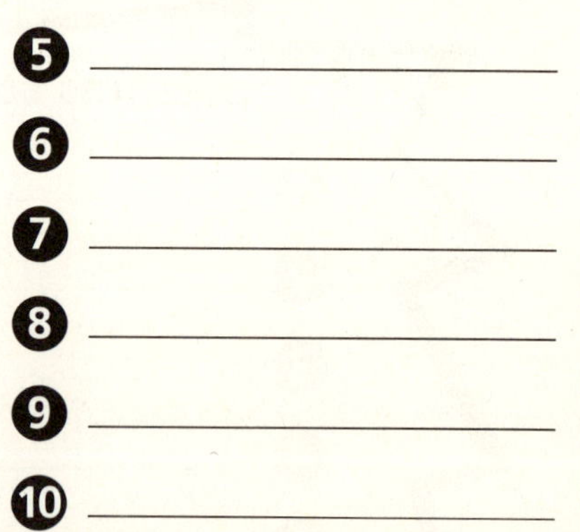
5. ______________
6. ______________
7. ______________
8. ______________
9. ______________
10. ______________

Crucigrama Trata de armar un crucigrama con 8 palabras que tengan *r* después de una consonante. Escríbelas de tal manera que se vayan cruzando. Luego, dibuja un tablero tipo crucigrama con suficientes cajitas para las letras. Pon números y escribe pistas. Intercambia tu crucigrama con el de un compañero y trata de resolverlo.

Nombre ______________________

Piénsalo

 es a  como 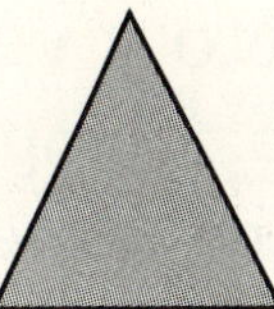 es a 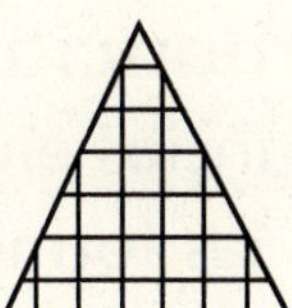

Busca las relaciones semejantes en las analogías.

Escribe la palabra que mejor complete cada analogía:

1. Tornado es a viento como lluvia es a ______________________.
   agua nube
2. Sirena es a alerta como timbre es a ______________________.
   puerta llamada sonido
3. Ojo es a parpadear como boca es a ______________________.
   dientes morder cara
4. Puerta es a casa como portada es a ______________________.
   libro pizarrón principio
5. Sótano es a inferior como ático es a ______________________.
   subterráneo superior claridad
6. Linterna es a luz como radio es a ______________________.
   alerta música sonido
7. Noche es a oscuridad como día es a ______________________.
   amanecer tarde claridad
8. Radio es a música como cine es a ______________________.
   electricidad noticias películas
9. Silla es a sentarse como cama es a ______________________.
   saltar subir acostarse
10. Invierno es a escalofríos como verano es a ______________________.
    calor sudor sol

Nombre ____________________

¡Auxilio!

Concordancia entre sujeto y verbo Después de un tornado, la gente puso anuncios en el periódico. Completa los anuncios escribiendo en los espacios las formas correctas de los verbos entre paréntesis. Luego, escribe tu propio anuncio.

Anuncios clasificados

¿Daños causados por el tornado? Si su casa ____________ (sufrir) destrozos y usted no ____________ (desear) batallar, llámenos para las reparaciones.

Yo ____________ (tener) tres iguanas mascotas. Éstas no ____________ (tener) hogar en este momento. Si usted puede cuidar de ellas mientras ____________ (reconstruir) nuestra casa, por favor llame.

Yo ____________ (perder) a mi perro durante la tormenta de ayer. Rex es blanco y ____________ (tener) una oreja de color café. Buena gratificación al primero que lo ____________ (encontrar).

Me extravié durante la tormenta. Yo ____________ (ser) un gato pequeño con rayas de color naranja. Mis propietarios ____________ (estar) preocupados. Por favor vengan por mí.

¡Prepárense para los tornados! Nosotros ____________ (tener) todo lo que necesitan. Ustedes ____________ (dormir) tranquilos sabiendo que están preparados.

____

____

____

____

____

Si su tubería de agua estalló, llame a Federico el Fontanero. Federico y sus ayudantes ____________ (trabajar) día y noche para repararla. Ellos ____________ (cobrar) barato y usted puede pagar a plazos.

Nombre ______________________

Categorizar palabras

Palabras con *g* fuerte, *j* y *x* Cada una de las Palabras de la lista tiene por lo menos una sílaba con el sonido *j* (*g* fuerte, *j* o *x*). Encuentra las que pertenecen a cada grupo y escríbelas en el espacio correspondiente.

Palabras

1. **México**
2. **empujan**
3. **garaje**
4. **registrado**
5. **energía**
6. **dejaron**
7. **abajo**
8. **gigantesco**
9. **alejan**
10. **juzgada**

Mi lista de estudio
¿De qué otras palabras necesitas estudiar la ortografía? Añádelas a Mi lista de estudio para esta lección al final de este libro.

ge, gi	*j*
______________	______________
______________	______________
	______________
	______________
x	______________
______________	______________

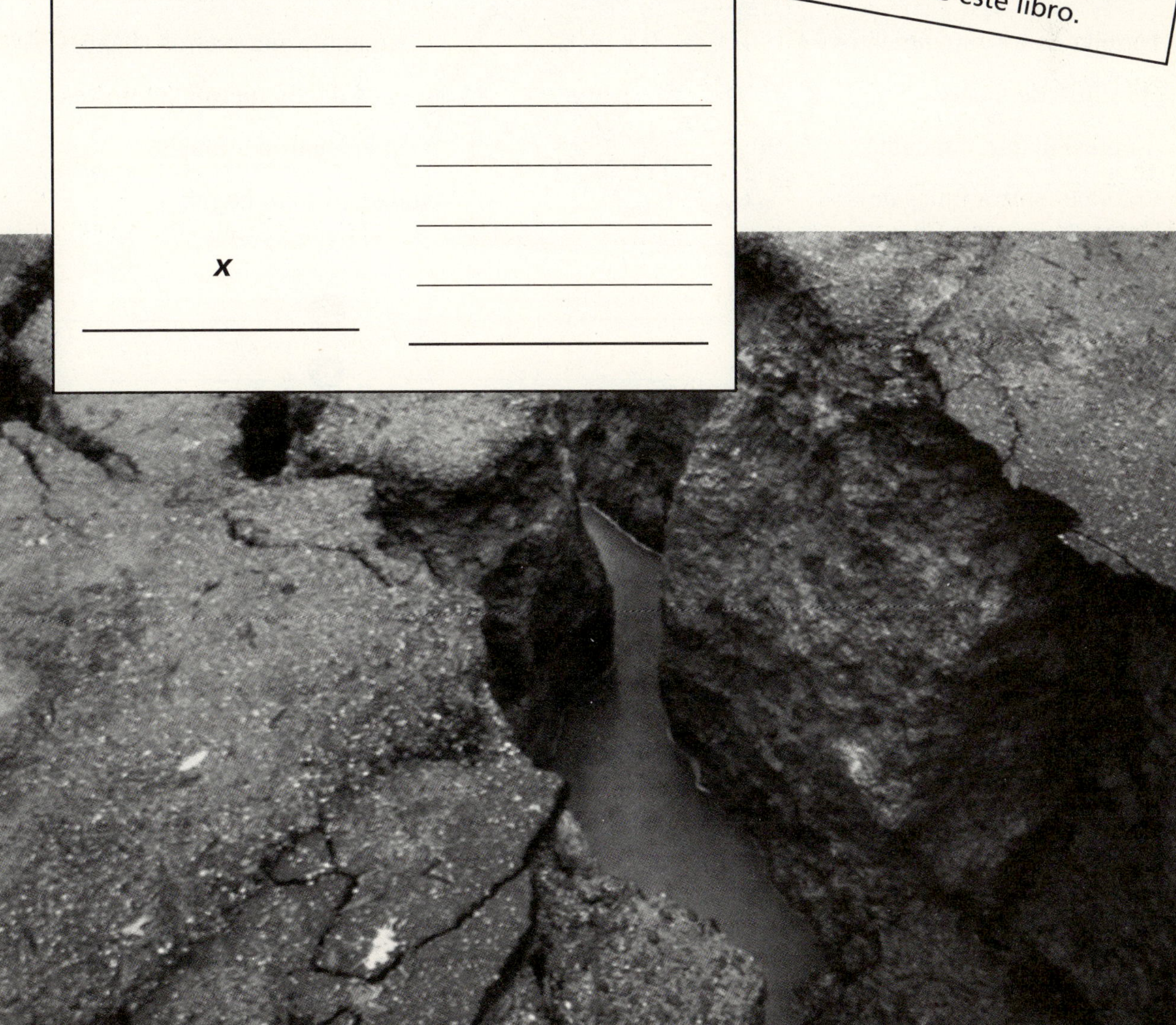

Nombre ______________________

Parranda de palabras

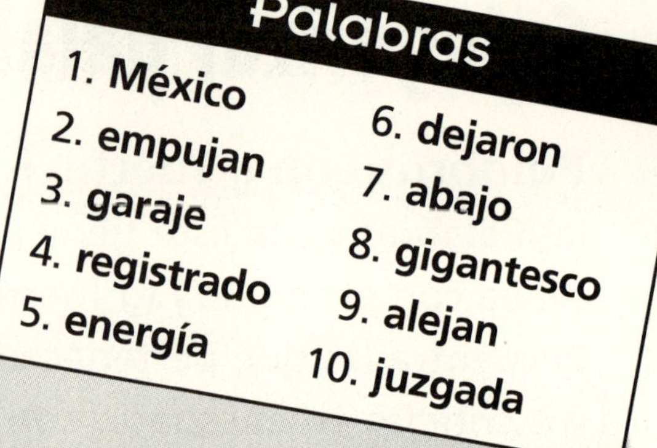

Correcciones En el texto siguiente hay seis Palabras mal escritas. Encuéntralas y rodéalas con un círculo. Luego, escríbelas correctamente.

En septiembre de 1985, un jigantezsca terremoto sacudió la Ciudad de Mégico. Este fue uno de los terremotos de mayor magnitud que se ha rejistardo en el mundo. La enrejía de los movimientos se sintió de manera impresionante y sacudió rápidamente a miles de personas que no sabían bien qué hacer. Los voluntarios de rescate contaban que mientras levantaban los escombros, se escuchaban los lamentos aun metros abago. Los daños fueron tan graves que degarón a muchos ciudadanos sin hogar.

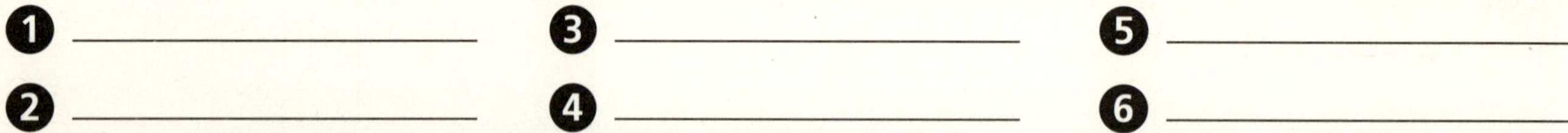

1 ______________ 3 ______________ 5 ______________

2 ______________ 4 ______________ 6 ______________

Titulares Sustituye las palabras subrayadas de cada titular de periódico con una Palabra de la lista que tenga un significado similar.

7. **Aún no han sido evaluadas las causas del accidente** 7 ______________
8. Edificios caídos desplazan viviendas enteras 8 ______________
9. **Se apartan las muestras de peligro** 9 ______________
10. **Graves daños sufre el gran estacionamiento del centro comercial** 10 ______________

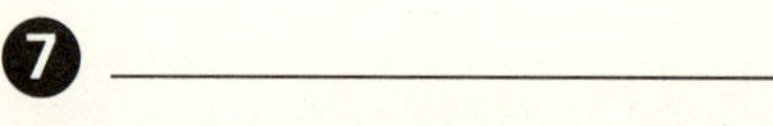

Remedios para desastres Los desastres naturales pueden cambiar la vida de las personas para siempre. ¿Crees que podrías ayudarlas a regresar a la normalidad? En otra hoja escribe una lista de cuatro maneras prácticas de ayudar a la gente. Usa las Palabras de la lista.

Palabras revueltas

Escoge la palabra del cuadro que complete cada oración y escríbela en el espacio en blanco.

generalmente	particularmente	lentamente	finalmente
solamente	anualmente	inmediatamente	rápidamente

1. Ante un gran terremoto debemos actuar _____.

   ___ ___ ___ ___ ___ ___ ___ ___ ___ ___ ___

2. En California ocurren terremotos _____.

   ___ ___ ___ ___ ___ ___ ___ ___ ___ ___

3. _____ instrumentos muy sensibles pueden registrar los terremotos.

   ___ ___ ___ ___ ___ ___ ___ ___ ___

4. Los "hervideros de arena" son _____ peligrosos.

   ___ ___ ___ ___ ___ ___ ___ ___ ___ ___ ___ ___ ___ ___ ___

5. _____, la intensidad es mayor cerca del centro del terremoto.

   ___ ___ ___ ___ ___ ___ ___ ___ ___ ___ ___ ___

6. _____, la tensión se libera y las rocas se mueven.

   ___ ___ ___ ___ ___ ___ ___ ___ ___ ___

7. La placa norteamericana avanza _____ hacia la del Pacífico.

   ___ ___ ___ ___ ___ ___ ___ ___ ___ ___

8. En caso de terremoto, los equipos de rescate actúan _____.

   ___ ___ ___ ___ ___ ___ ___ ___ ___ ___ ___ ___ ___ ___

Los terremotos siempre están presentes

Tiempo presente En el crucigrama, lee vertical y horizontalmente para encontrar una de las formas del tiempo presente de los diez verbos indicados. Haz un círculo alrededor de estos verbos y luego escríbelos en las líneas.

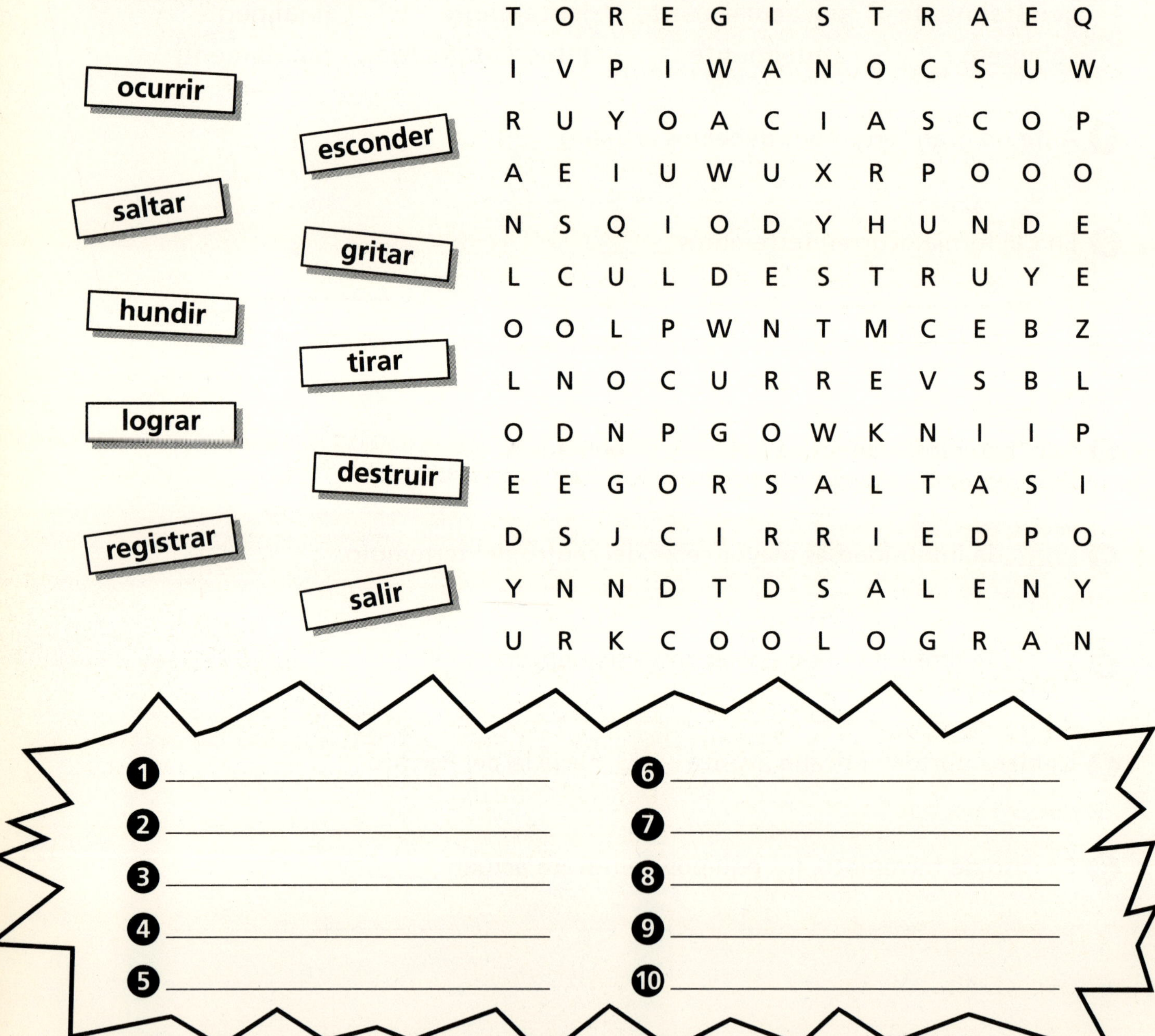

¡Más! En otra hoja de papel, escribe un poema breve acerca de un terremoto. Utiliza por lo menos cinco verbos en el tiempo presente.

Nombre ______________________________

Hacia las estrellas

Palabras con combinaciones con *l*

Cada palabra de la lista contiene una combinación con *l*.

Para organizar este viaje al espacio debes encontrar las palabras con combinaciones con *l* que encajan con las pistas. Luego, debes ponerlas bajo la columna que les corresponda: *bl, cl, fl, gl* o *pl.*

Palabras

1. aplausos
2. glorioso
3. exploración
4. desplegaron
5. flecha
6. exclamaba
7. publicaron
8. temblaron
9. reflejo
10. clase

Mi lista de estudio

¿De qué otras palabras necesitas estudiar la ortografía? Añádelas a Mi lista de estudio para esta lección al final de este libro.

flecha
exploración

Pistas

1. acción y efecto de aplaudir
2. acción de investigar, examinar
3. extendieron, desdoblaron
4. digno de honor y alabanza
5. hicieron saber a todos
6. tuvieron miedo, tiritaron
7. que se refleja, lo ves en el espejo
8. va con el arco y vuela
9. decía con emoción
10. tipo, especie, grupo de personas

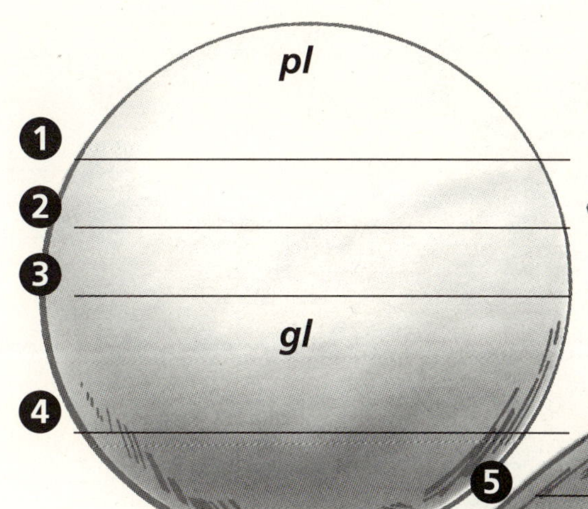

pl

1. ______________________
2. ______________________
3. ______________________

gl

4. ______________________

bl

5. ______________________
6. ______________________

fl

7. ______________________
8. ______________________

cl

9. ______________________
10. ______________________

Nombre ______________________________

Parranda de palabras

Palabras

1. aplausos
2. glorioso
3. exploración
4. desplegaron
5. flecha
6. exclamaba
7. publicaron
8. temblaron
9. reflejo
10. clase

Corecciones En el monumento hay cinco Palabras mal escritas. Encuéntralas y escríbelas correctamente.

Éste es un dibujo del monumento que visitó mi calse de historia. Cuando lo revelaron despelgaron una bandera que decía: "Dedicado a los que participaron en la expolración del espacio". Los espectadores telmbaron de emoción al presenciar la inmensidad del monumento. La gente elxcamba porque el monumento era tan maravilloso. Fue muy emocionante.

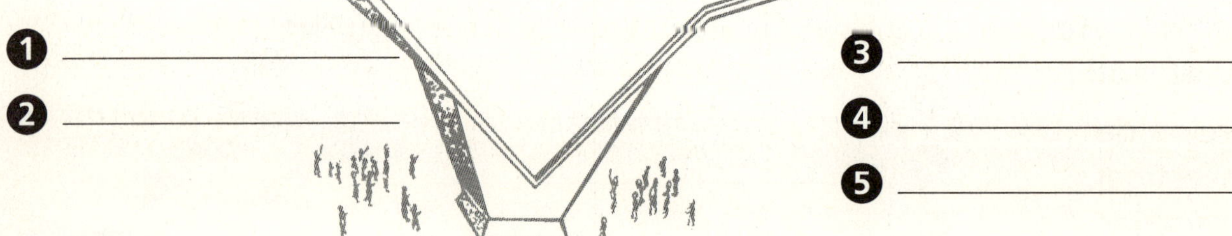

1. ______________
2. ______________
3. ______________
4. ______________
5. ______________

Analogías Escribe la Palabra de la lista que corresponda a cada analogía.

Ejemplo: Temblar es a frío lo que sudar es a calor.

6. pregunta es a respuesta lo que buen espectáculo es a ______________
7. lámpara es a luz lo que espejo es a ______________
8. lector es a leyeron lo que publicista es a ______________
9. raqueta es a pelota lo que arco es a ______________
10. ladrón es a vergonzoso lo que héroe es a ______________

Sueños sin límites Imagina que tú participaste en uno de los viajes al espacio. En una hoja de papel aparte, escribe una noticia breve sobre los logros de la última misión espacial. Explica el propósito de la misión. Usa las Palabras de la lista.

Nombre ______________________________

Reto de sílabas

Divide las palabras en sílabas.

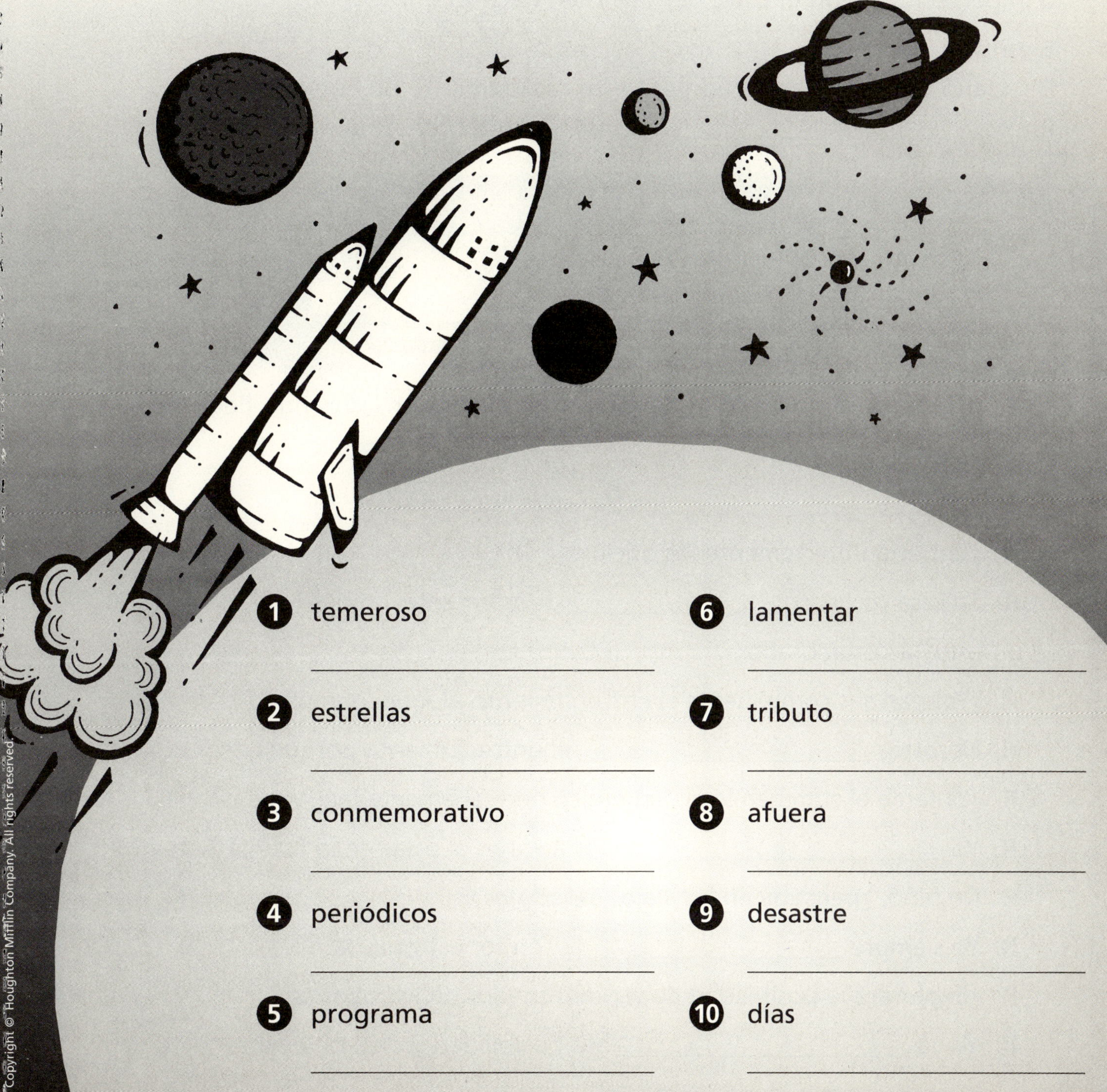

1. temeroso ____________________
2. estrellas ____________________
3. conmemorativo ____________________
4. periódicos ____________________
5. programa ____________________
6. lamentar ____________________
7. tributo ____________________
8. afuera ____________________
9. desastre ____________________
10. días ____________________

Nombre ______________________________

Entrenamiento espacial

El pretérito y el imperfecto Eres un reportero entrevistando a un astronauta que se está entrenando para un viaje espacial. Para cada pregunta, completa la respuesta utilizando el tiempo pretérito o imperfecto, según el caso, del verbo en negrita.

Ejemplo:

P. ¿**Llenó** usted una solicitud para este campamento de entrenamiento?

R. Yo ____llené____ una solicitud y también tuve una entrevista.

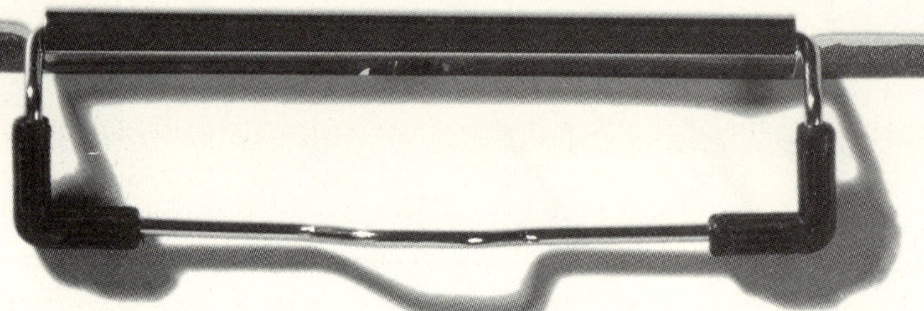

P. El campamento de entrenamiento se inició ayer. ¿Cuándo **llegó** usted a Houston?

R. Yo ______________________ a Houston hace dos días.

P. ¿**Entrenan** fuertemente los oficiales?

R. En casa yo ______________________ fuertemente, así que estoy acostumbrado.

P. ¿**Toleran** sus compañeros el entrenamiento al igual que usted?

R. Nosotros ______________________ el entrenamiento porque nos gusta.

P. ¿Durante el entrenamiento, **aprenden** necesariamente mucho de aviones?

R. Yo ______________________ de los aviones al estar en la Fuerza Aérea.

P. De niño, ¿**pensaba** en los viajes espaciales?

R. Yo siempre ______________________ en ser astronauta.

P. ¿**Explorará** la posibilidad de ser entrenador de astronautas?

R. Yo ya ______________________ esa posibilidad y creo que existen buenas oportunidades para ello.

Nombre ______________________________

Lee la reseña por un crítico de cine. Encuentra y corrige nueve errores. Usa lo que sabes acerca de cómo hacer correcciones. Los ejemplos te pueden ayudar.

Reseña de cine del Canal 24

La película de catástrofes, *Desastre en el pueblo*, se ~~estrenaba~~ estrenó por fin ayer y, en mi opinión, es una catástrofe ~~jigantesca~~ gigantesca. No hay palablas para describir la actuación, la fotografía y los efectos especiales. La trama consista en los elementos de siempre: un hombre misterioso, una población que no se dan cuenta de que plonto un río cercano comienza a crecer, y una persona normal a quien nadie le hace caso. Éste fue el mismo director que creaba *Corredores de horrores* y *Los chicharrones antropófagos*, que yo reseñaba el año pasado. Logré quedarme hasta el final de la película, pero aún no sabe cómo lo hice y aseguro que no hubo aprausos. ¿Cuál es mi opinión de esta crase de películas? ¡Me dan asco!

Nombre ____________________

Palabras del carromato

Las raíces *port* y *spec* Una raíz es la parte de una palabra que significa algo pero se usa dentro de otra palabra. Las raíces dan pistas del significado de las palabras. *Port* quiere decir "llevar" y *spec* quiere decir "mirar". Por ejemplo, la palabra *retrospección* quiere decir "mirar hacia atrás". La palabra *transporte* quiere decir "llevar de un lugar a otro".

Completa las palabras con la raíz spec o *port.* Luego escríbelas en el carromato apropiado.

Palabras

1. transportar
2. importar
3. aportar
4. portátil
5. portero
6. inspector
7. espectacular
8. espectáculo
9. inspeccionar
10. introspectivo

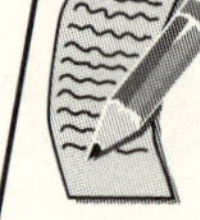

Mi lista de estudio
¿De qué otras palabras necesitas estudiar la ortografía? Añádelas a Mi lista de estudio para esta lección al final de este libro.

e _______ tacular	a _______ ar
e _______ táculo	in _______ tor
im _______ ar	_______ átil
intro _______ tivo	in _______ cionar
_______ ero	trans _______ ar

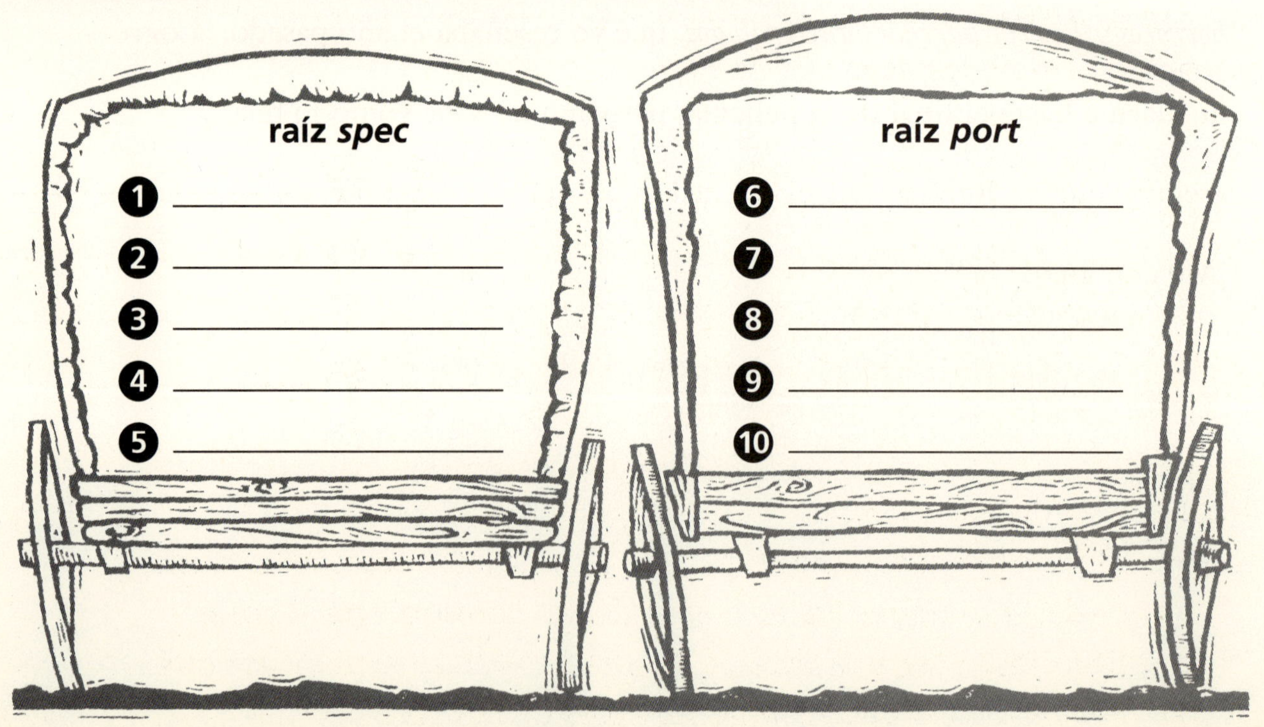

Nombre ______________________________

Parranda de palabras

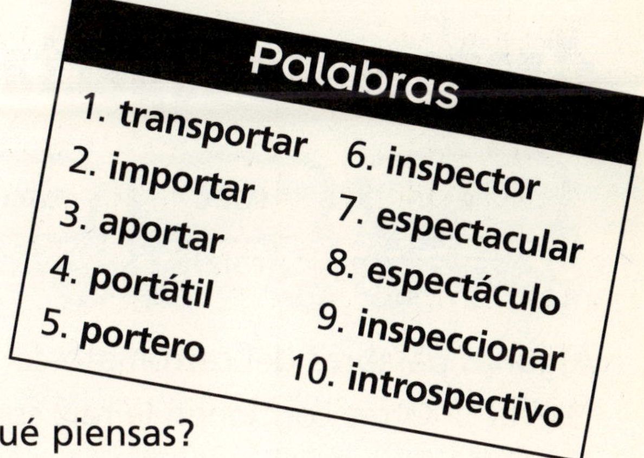

Un viaje por carretera Completa la siguiente conversación entre Luz y Juan, unos amigos que van a salir de viaje.

Luz: Oye Juan, tú estás muy ______________________ hoy. ¿En qué piensas?

Juan: Pues, en que va a ser muy difícil ______________________ todo este equipaje en autobús. ¿Es necesario que lleves tu computadora?

Luz: Pero si es una computadora ______________________. No pesa nada. No te preocupes. Ya verás que lo pasaremos muy bien. Este viaje será ______________________ .

Juan: La costa de California es muy bonita. ¡Pero tú estarás tan ocupada con tu computadora que no disfrutarás del ______________________!

Correcciones Busca y haz un círculo alrededor de las palabras mal escritas en este mensaje del conductor de autobuses. Escríbelas correctamente en los espacios en blanco.

Se prohibe inportar animales y alimentos. Por lo tanto, el inspector va a inspecionar el equipaje. En la central de autobuses no hay protero como en los hoteles. Si necesita ayuda con el equipaje, necesita apoltar con algo de dinero.

1. ______________
2. ______________
3. ______________
4. ______________
5. ______________

De viaje Supón que tienes que pasar tres meses en una isla desierta. Puedes llevar diez artículos contigo. ¿Qué cosas llevarías? Haz una lista de los diez objetos y explica por qué llevarías cada uno. Usa las Palabras de la lista.

Nombre ______________________________

¡Transporte espectacular!

Algunas palabras del carromato contienen la raíz port, que quiere decir "llevar". Otras contienen la raíz spec, que quiere decir "mirar". Escribe la palabra que le corresponda a cada pista.

1. mirar con cuidado

   __ __ __ __ __ __ __ __ __ __ __ __

2. fantástico para ver

   __ __ __ __ __ __ __ __ __ __ __ __

3. punto de vista o forma de ver algo

   __ __ __ __ __ __ __ __ __ __ __

4. que se puede llevar fácilmente

   __ __ __ __ __ __ __ __

5. alguien que lleva información al público

   __ __ __ __ __ __ __ __ __

6. alguien que mira un evento

   __ __ __ __ __ __ __ __ __ __

7. que lleva un significado

   __ __ __ __ __ __ __ __ __ __

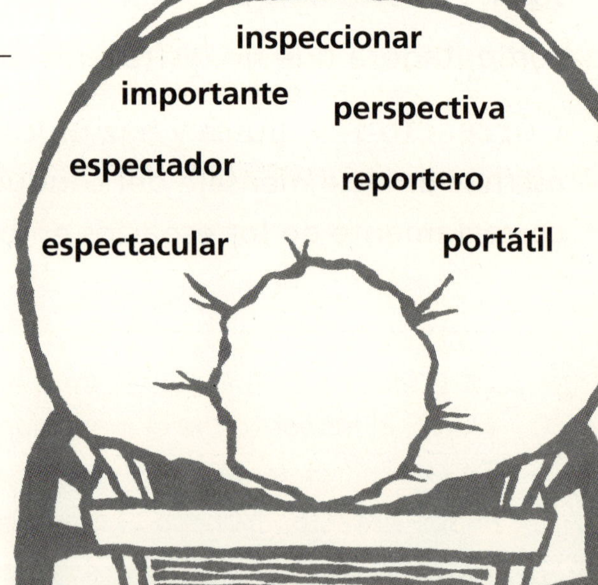

Buscapalabras

El tiempo futuro Conjuga los verbos siguientes en el tiempo futuro según la forma en paréntesis. (Ejemplo: hablar (tú) = hablarás) Luego, búscalos en el buscapalabras. Usa por lo menos cinco de los verbos para escribir oraciones.

L L E V G L O T A D É I

C O C I N A R E M O S V

L E E V E R Á S N R S L

X Á E I T C A D O M A L

L Q N R P Y R D F I L E

E S T E N D R Á N R D G

E E R M O S É N i Á H A

R S P O N D R Á E S A R

É T Á S B Z Á S J Á R É

H A O C G S A L D R Á U

N R P V I A J A R Á N S

L Á V A U M S S T T Á H

- poner (ella)
- hacer (ellos)
- viajar (ellos)
- vivir (nosotros)
- tener (ustedes)
- cocinar (nosotros)
- dormir (tú)
- ver (tú)
- estar (él)
- llegar (yo)
- salir (usted)

1 ______________________

2 ______________________

3 ______________________

4 ______________________

5 ______________________

Nombre ____________________

Emparejar tipis

Los prefijos *des-/dis-* y *re-* Cada Palabra de la lista consta de un prefijo más una palabra base. El prefijo cambia el significado de la palabra base y, a veces, cambia también la ortografía. *des-/dis-* = no, lo opuesto de; *re-* = otra vez; muy

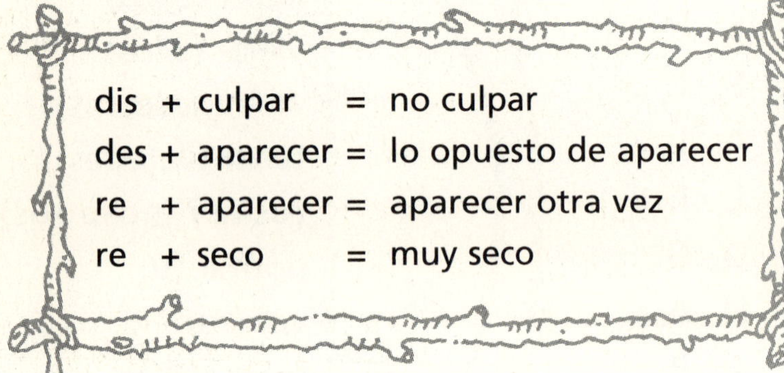

dis	+	culpar	=	no culpar
des	+	aparecer	=	lo opuesto de aparecer
re	+	aparecer	=	aparecer otra vez
re	+	seco	=	muy seco

Palabras

1. repartidos
2. desconocían
3. desapareció
4. destierro
5. disculpar
6. recoger
7. reformaba
8. despreciaba
9. reunirnos
10. reorganizar

Mi lista de estudio
¿De qué otras palabras necesitas estudiar la ortografía? Añádelas a Mi lista de estudio para esta lección al final de este libro.

Dibuja una línea desde cada palabra base hasta el prefijo apropiado. Después escribe la Palabra de la lista que es una forma de cada combinación de prefijo y palabra base.

partir   unirse   coger
conocer   formar
re-
culpar
aparecer   tierra
des-   dis-
apreciar
organizar

1. ____________________
2. ____________________
3. ____________________
4. ____________________
5. ____________________
6. ____________________
7. ____________________
8. ____________________
9. ____________________
10. ____________________

Nombre ______

Parranda de palabras

Palabras	
1. repartidos	6. recoger
2. desconocían	7. reformaba
3. desapareció	8. despreciaba
4. destierro	9. reunirnos
5. disculpar	10. reorganizar

Telar de palabras Usa las pistas para escribir las palabras de la lista en los espacios en blanco.

1. ___ ___ ___ ___ ___ ___ ___ ___ ___ ___ ___ — 1. ignoraban
2. ___ ___ ___ ___ ___ ___ ___ ___ ___ — 2. arreglaba, reparaba
3. ___ ___ ___ ___ ___ ___ ___ ___ ___ — 3. juntarnos
4. ___ ___ ___ ___ ___ ___ ___ ___ ___ — 4. perdonar
5. ___ ___ ___ ___ ___ ___ ___ — 5. ir juntando y guardando

Correcciones Lee el siguiente artículo y haz un círculo alrededor de las cinco palabras mal escritas. Luego, escríbelas correctamente.

> Los indios americanos vivían ripartidos por las grandes llanuras. El inmigrante blanco dezpreciaba su modo de vivir. Cuando el búfalo desaparesió de las llanuras, tuvieron que rehorganisar sus vidas. Con el tiempo, sin embargo, se produjo su deztierro.

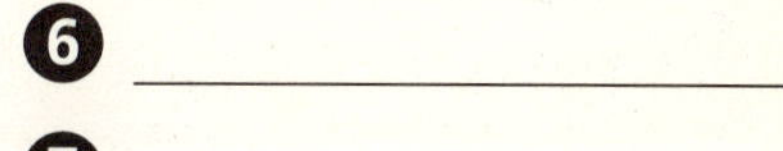

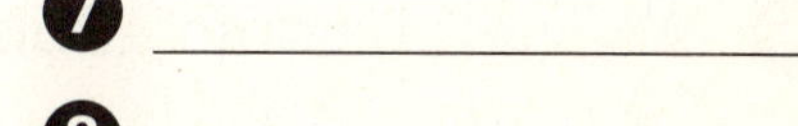

6. ______________
7. ______________
8. ______________
9. ______________
10. ______________

Un día de tu vida Piensa en tu rutina diaria. En un papel aparte, escribe un párrafo en el que describes un día típico. ¿Qué tareas haces? ¿Qué haces en tu tiempo libre? ¿Te gusta tu modo de vivir? Usa Palabras de la lista.

Nombre ______________________

VOCABULARIO
Palabras escritas con los prefijos *des-/dis-* y *re-*

Prefijos revueltos

De la lista de palabras que aparecen a la derecha, elige la que mejor complete cada oración y escríbela en el espacio en blanco.

cambiaron	reexaminaron
repartidos	reunirse
revolcó	desapareció
desconocían	reflejaban

1. Había muchos grupos de turistas __ __ __ __ __ __ __ __ __ __ por toda la ciudad.

2. Los turistas __ __ __ __ __ __ __ __ __ __ __ que había un zoológico.

3. El guía __ __ __ __ __ __ __ __ __ __ __ por un momento para obtener información.

4. Todos querían __ __ __ __ __ __ __ __ en el zoológico más tarde.

5. Ahí vieron cómo el bisonte se __ __ __ __ __ __ __ en el polvo.

6. Al final del día __ __ __ __ __ __ __ __ __ __ __ __ sus planes para el resto de la semana.

7. Sus planes __ __ __ __ __ __ __ __ __ __ __ un itinerario con muchas actividades.

8. Ellos __ __ __ __ __ __ __ __ __ sus planes para estar más tiempo en el zoológico.

Nombre ______________________________

Fiesta de juegos

Los verbos irregulares Completa el siguiente pasaje de un diario sobre la fiesta de juegos de ayer escribiendo las formas correctas de decir y hacer en los espacios en blanco. Luego, escribe la última oración, usando una forma de decir o hacer.

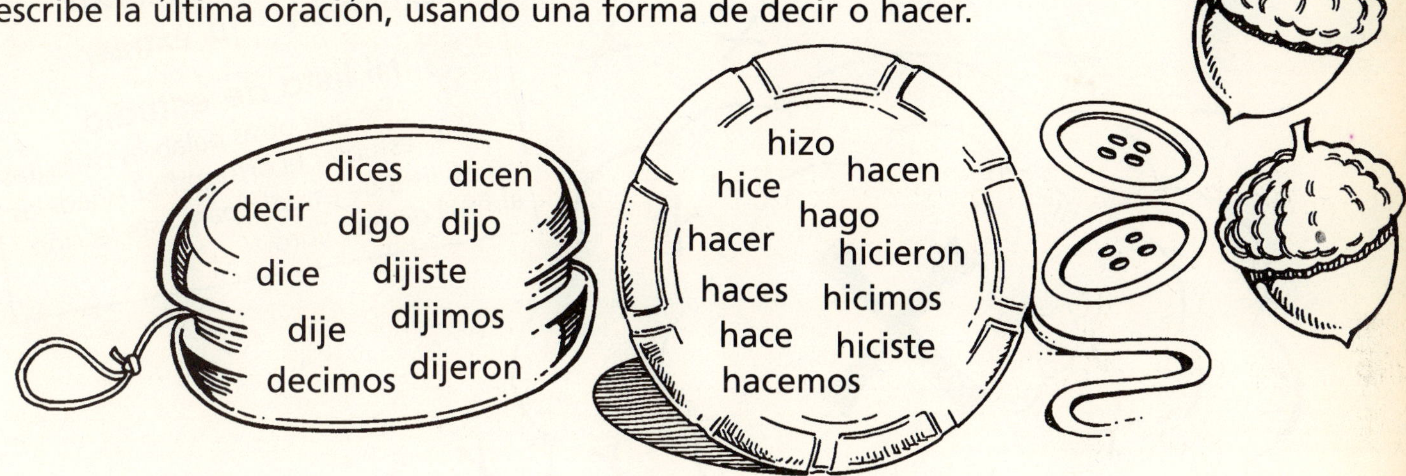

Ayer mis amigos Juan y Antonio me ________________: —Vamos al parque. Es el día de juegos. ________________ una fiesta donde se juegan muchos juegos.

Allí miramos e ________________ muchas cosas interesantes. Conocimos a una muchacha que ________________ trucos con un yo-yó. Ella ________________ que es muy fácil. Más tarde ________________ competencias de las caras más feas. Juan y Antonio ganaron. —¡Eso sí es fácil! —yo les ________________, pero ellos me ________________ que no lo es. Un juego que yo conozco bien es el de la sillita de la reina, el juego del cordón atado en los dedos. A veces yo ________________ sillas muy elaboradas con el cordón. Ese día ________________ una sillita complicada que nadie pudo quitar de mis manos.

____

____

Nombre ______________________

Las explicaciones en acción

Palabras con *x* Recuerda que se escribe *x* delante de las siguientes sílabas: *pla, ple, pli, plo* y *pre, pri* y *pro.*

Palabras

1. **excéntricos**
2. **exclama**
3. **explica**
4. **explosivos**
5. **explosión**
6. **extraño**
7. **exprimir**
8. **explanada**
9. **excavar**
10. **extraer**

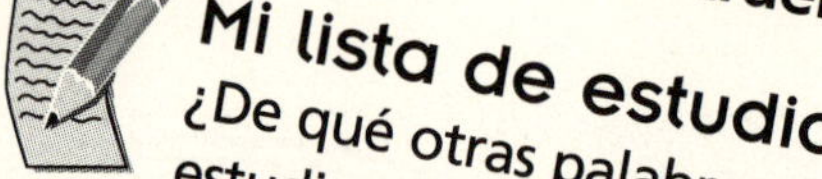

Mi lista de estudio
¿De qué otras palabras necesitas estudiar la ortografía? Añádelas a Mi lista de estudio para esta lección al final de este libro.

Lee la lista de palabras. Escoge la palabra de acuerdo a la explicación y escríbela en la línea.

1. Sacar de alguna parte ______________________
2. Hacer un pozo ______________________
3. Apretar para sacar jugo ______________________
4. Una detonación ______________________
5. Lugar muy plano ______________________
6. Algo diferente y raro ______________________
7. Provocan daño y ruido ______________________
8. Fuera de lo común ______________________
9. Dice con énfasis ______________________
10. Dice con detalle ______________________

Nombre ______________________

Parranda de palabras

Palabras	
1. excéntricos	6. extraño
2. exclama	7. exprimir
3. explica	8. explanada
4. explosivos	9. excavar
5. explosión	10. extraer

Descubre la palabra Lee las siguientes oraciones. Fíjate en la palabra subrayada de cada oración. Acomoda las sílabas de cada palabra para descubrir la palabra escondida. Escríbela en el espacio correspondiente.

1. La señora Torres pliexca la clase a sus estudiantes. ______________
2. Todos gritaron al escuchar la siónexplo. ______________
3. Hay que caexvar para hacer un pozo. ______________
4. El dentista va a ertraex la muela. ______________
5. Los ricos triexcoscén compraron el castillo ______________

Correcciones Busca y haz un círculo alrededor de las cinco palabras de la lista que están mal escritas dentro del siguiente párrafo. Luego, escríbelas correctamente en los espacios.

La maestra llevó a sus estudiantes hasta el hermoso árbol que se encuentra en la esplanada. Todos los niños llevan naranjas para esprimir su jugo y saborearlo bajo la sombra generosa del árbol. La maestra empieza su lección, cuando de repente se oye un estraño ruido, algo parecido al silbido de los esplosivos. Entonces ella esclama: —¡Al suelo! ¡Al suelo todos!

6. ______________
7. ______________
8. ______________
9. ______________
10. ______________

Según se dice Muchos afirman que la suerte es importante para tener éxito en la vida. Piensa en alguna persona que conoces que haya tenido éxito. En una hoja de papel aparte, escribe cómo la suerte pudo haber influido en el éxito de esa persona. Usa Palabras de la lista.

Nombre ______________________________

El español hoy día

En el español antiguo, las palabras a veces se escribían tal como se pronunciaban. En el español moderno, la elisión no se ve en la escritura. Traduce estas oraciones del español antiguo al español moderno.

No conocemos a esotro señor.

1 ______________________________

Nuestra amiga nos pide que no hablemos mal della.

2 ______________________________

Cierra la puerta desa pobre casa.

 3 ______________________________

¡Hazte patrás, que hay peligro!

 4 ______________________________

Las contracciones Escribe estas oraciones, corrigiendo todos los errores en las contracciones.

Un hombre rico le dio dinero a el molinero.

 1 ______________________________

El molinero no entendió por qué le dieron el dinero al.

 2 ______________________________

El molinero envolvió el dinero de el rico en una blusa.

 3 ______________________________

El gavilán le quitó el dinero a el molinero el mismo día.

 4 ______________________________

Durante muchos años, el molinero no supo más del.

5 ______________________________

Nombre ______________________________

El uno como el otro

Pronombres posesivos Usa pronombres posesivos para completar las siguientes oraciones según las pistas.

poseedor	singular	plural
yo	mío mía	míos mías
tú	tuyo tuya	tuyos tuyas
él, ella, usted	suyo suya	suyos suyas
nosotros, nosotras	nuestro nuestra	nuestros nuestras
ellos, ellas, ustedes	suyo suya	suyos suyas

1. La canción de Atanasio se trata del molinero. ¿Y la canción de Pablo?
   ____________________ también trata del molinero.
2. La vida del molinero era un desastre. ¿Y la vida del vecino?
   ____________________ era un desastre también.
3. Los amigos del molinero lo engañaron. ¿Y los amigos de su esposa?
   ____________________ lo engañaron también.
4. La casa del molinero era fabulosa. ¿Y la de ustedes?
   ____________________ era fabulosa también.
5. El negocio del molinero tuvo éxito. ¿Y tu negocio?
   ____________________ tuvo éxito también.
6. El futuro del molinero brilla. ¿Y tu futuro?
   ____________________ brilla también.
7. Las piedras del joyero vecino hacen juego. ¿Y las piedras de Paula?
   ____________________ hacen juego también.

Escribe una oración usando un pronombre posesivo.

____

____

Nombre ______________________________

Una carta

Lee el artículo de esta página. Encuentra y corrige nueve errores. Usa lo que sabes acerca de cómo hacer correcciones. Los ejemplos te pueden ayudar.

Mi bisabuelo

Cuando mi bisabuelo tenía veintitrés años se ~~hice~~ hizo cocinero de un grupo de vaqueros que arreaba ganado de Texas hacia el norte.

—No me gustaba mi vida —me dijo—; por eso decidí cambiarla. En el viaje, teníamos que ~~trasportear~~ transportar todo lo que nos hacía falta.

Suyo trabajo era muy duro. Tenía que preparar tres comidas al día para los vaqueros hambrientos. La carreta de los víveres era una despensa puertátil. En su cajones y espacios llevaban almacenados café, azúcar, tocino, frijoles, harina, sal, otros alimentos y a veces esplosivos. Como el trabajo era pesado, había que desarrollear músculos fuertes. Además, si los vaqueros se enfermaban, él los tenía que curar. Así se esplica que el trabajo era avortar comida y otros servicios.

Mi bisabuelo dicen que es el trabajo más duro que hizo jamás:

—Las horas de trabajo eran largas y las condiciones malas. Ése es un trabajo que nunca vuelere a hacer.

Nombre

Organizar palabras

Palabras

1. inolvidable
2. enseñó
3. confiado
4. impaciente
5. inútil
6. imposible
7. conjunto
8. empeorar
9. competir
10. incapaz

Mi lista de estudio
¿De qué otras palabras necesitas estudiar la ortografía? Añádelas a Mi lista de estudio para esta lección al final de este libro.

Los prefijos *im-/in-*, *em-/en-* y *com-/con-*

Cada palabra de la lista consta de un prefijo más una palabra base o raíz. El prefijo va al principio de la palabra base o raíz. El prefijo cambia el sentido de la palabra. Una **raíz** es una parte de la palabra que tiene un sentido pero, al contrario de una palabra base, no es una palabra en sí.

Prefijo	Sentido	Palabra	Sentido
im-/in-	no; lo opuesto de	inútil	lo opuesto de útil
em-/en-	en, ponerse, que sea más	empeorar	ponerse peor
com-/con-	con, que tiene	conjunto	grupo que toca música

Escribe cada palabra de ortografía en el disco con el prefijo correspondiente.

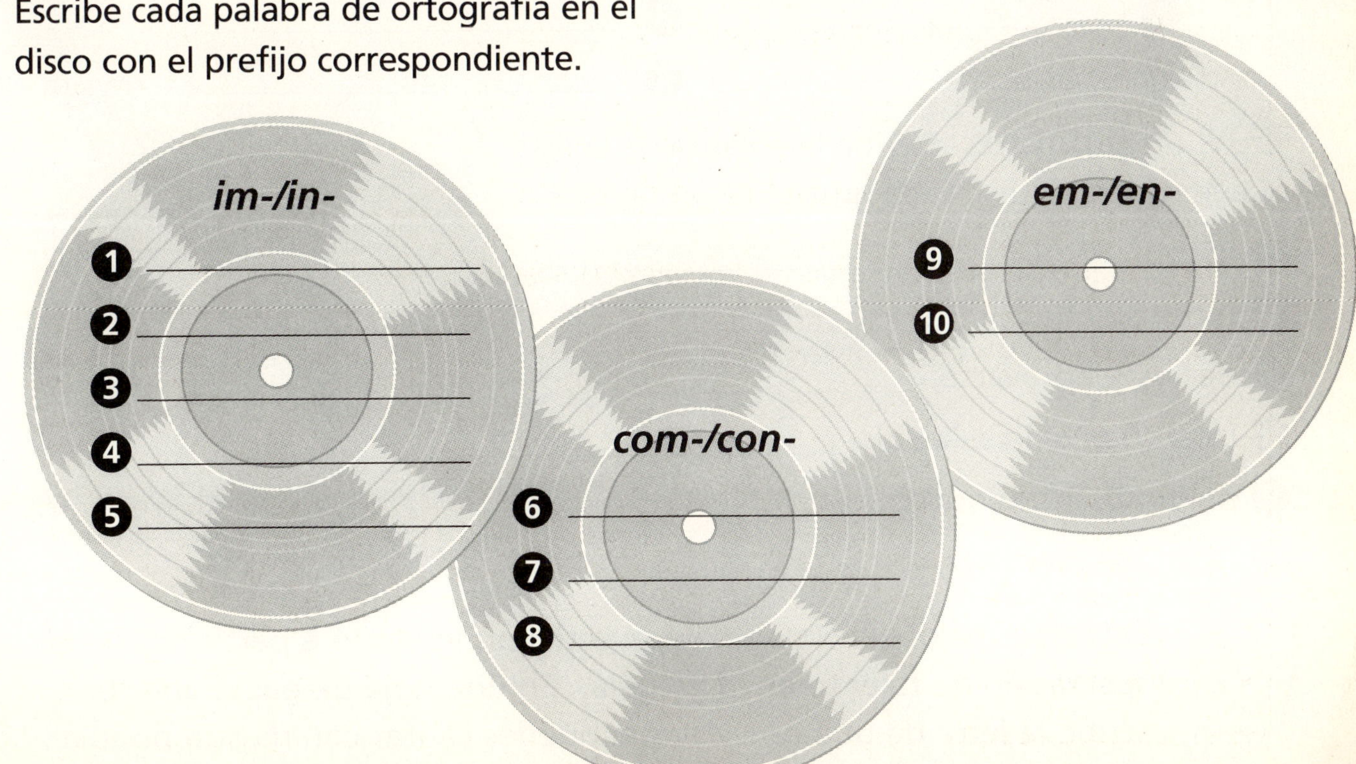

Nombre ______________________

ORTOGRAFÍA
Palabras con prefijos *im-/in-*, *em-/en-* y *com-/con-*

Parranda de palabras

Palabras	
1. inolvidable	6. imposible
2. enseñó	7. conjunto
3. confiado	8. empeorar
4. impaciente	9. competir
5. inútil	10. incapaz

Correcciones Rodea con un círculo las cuatro palabras mal escritas en este anuncio escolar. Luego, escribe cada una correctamente.

¿Sabes cantar o saltar a la cuerda? ¿Tocas con un comjunto? ¿Quieres conpetir para premios? ¿Estás comfiado que tienes un talento imolvidable? Entonces, ¡participa en el espectáculo anual! Te esperamos.

1 ______________________ 3 ______________________

2 ______________________ 4 ______________________

Tríos de palabras Escribe la palabra de la lista que le corresponde a cada grupo.

5 inepto, torpe, ______________________

6 mostró, indicó, ______________________

7 declinar, agravarse, ______________________

8 improbable, irrealizable, ______________________

9 nervioso, intranquilo, ______________________

10 inservible, ineficaz, ______________________

¡Estrella escolar! Imagínate que te han invitado a participar en el espectáculo de talento en la escuela. En una hoja de papel aparte, escribe la letra de una canción que puedes cantar con música popular. Usa las Palabras de la lista.

Nombre ______________________________

Estás en el primer plano

Todas estas palabras empiezan con los prefijos *im-/in-*, *em-/en-* o *com-/con-*. Busca la palabra que corresponde a cada pista y escríbela en los espacios en blanco. Lee las letras de la columna para saber la palabra que completa la oración siguiente y escríbela:

El actor quería que el público lo ________________.

inolvidable
enseñó
confiado
impaciente
inútil

imposible
conjunto
empeorar
competir
incapaz

im-/in-	=	"no", "lo opuesto de"
em-/en-	=	"en", "que sea más", "ponerse"
com-/con-	=	"con", "que tiene"

1. que es seguro de sí __ __ __ __ __ [ ] __ __
2. contender para lograr la misma cosa __ __ __ [ ] __ __ __ __
3. que no sirve __ __ __ __ __ [ ]
4. que no sabe esperar __ __ __ [ ] __ __ __ __ __ __
5. grupo __ __ __ __ [ ] __ __ __
6. tener siempre en mente __ __ __ __ __ __ [ ] __ __ __ __
7. que no puede suceder o hacerse __ __ __ __ __ [ ] __ __ __
8. mostró __ __ __ [ ] __ __
9. ponerse peor __ __ __ __ __ [ ] __ __
10. inepto __ __ __ __ __ [ ] __

Nombre ______________________

¡Estrénate!

El verbo auxiliar *haber* Elige la forma correcta de *haber* para completar cada oración en el anuncio siguiente.

Imagínate cómo será. Nunca se ______________ (ha, había) visto tal espectáculo. Estás en el escenario oscuro. El público te ______________ (ha, había) esperado más de una hora. ¡Arriba el telón! ¡Luces! Nadie ______________ (ha, había) visto antes un disfraz como el tuyo. Tu actuación es magnífica. Todas las horas de ensayo ______________ (han, habían) merecido la pena. ¡Eres estrella! Si un sueño como éste ______________ (ha, había) sido siempre tuyo, ofrécete a participar en el espectáculo escolar. Es el evento que todos ______________ (han, habían) esperado. Te vas a divertir mucho.

Escribe una descripción de tu actuación y los preparativos que has hecho. Usa el pretérito perfecto o el pretérito pluscuamperfecto al menos cuatro veces en tu descripción.

____

____

____

____

____

____

____

Nombre ______________________________

Cosechadora de palabras

Los prefijos *ex-*, *mal-* y *ante-*

Cada Palabra de la lista tiene el prefijo *ex-*, *mal-* o *ante-*. Para escribir una palabra con prefijo, piensa en el prefijo y en la palabra base o raíz. Escribe la palabra usando las partes.

Traza una línea entre los prefijos y las palabras base que les corresponden. Luego, escribe las palabras en el pajar correspondiente.

Palabras

1. **extendía**
2. **antesala**
3. **exhausto**
4. **antebrazo**
5. **malogró**
6. **maltrataron**
7. **maleducado**
8. **malestar**
9. **anteayer**
10. **antepasado**

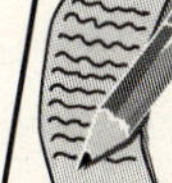

Mi lista de estudio
¿De qué otras palabras necesitas estudiar la ortografía? Añádelas a Mi lista de estudio para esta lección al final de este libro.

tendía
sala
educado
estar
ayer
ex-
mal-
hausto
tratarON
ante-
pasado
brazo
ogró

ex- (fuera de)

1. ______________
2. ______________

mal- (mal)

3. ______________
4. ______________
5. ______________
6. ______________

ante- (antes)

7. ______________
8. ______________
9. ______________
10. ______________

Nombre ______________________

Parranda de palabras

Palabras	
1. extendía	6. maltrataron
2. antesala	7. maleducado
3. exhausto	8. malestar
4. antebrazo	9. anteayer
5. malogró	10. antepasado

Escribe la palabra de la lista que corresponde a la palabra subrayada.

Maestra: Ahora, explícame qué pasó cuando estabas en la sala de juegos el día antes de ayer.

Estudiante: Pues, no sé. Estaba sentado en la pieza antes de la sala. Sólo recuerdo que sentía una incomodidad en el área del brazo que va entre la mono y el codo. Le pedí ayuda a un compañero pero se portó muy mal conmigo. Yo ponía hacia afuera mi brazo para que entendiera que sentía dolor pero no me hacía caso.

1. ______________ 4. ______________
2. ______________ 5. ______________
3. ______________ 6. ______________

Correcciones Haz un círculo alrededor de las palabras escritas incorrectamente. Escribe las correcciones.

El niño no quiere decir la verdad, tal vez lo miltrataron en algún juego de fútbol. Recuerde que el año antipasado ocurrió lo mismo. El niño está bien pero está eshausto. No se preocupe, el accidente no marogró sus útiles escolares. Todo está bien.

7. ______________ 9. ______________
8. ______________ 10. ______________

El fin de semana ¿Qué haces cuando no estás estudiando? ¿Con quién te gusta compartir tus ratos libres? Escríbele una carta a un compañero de clase y describe tus actividades los fines de semana. Usa Palabras de la lista.

Nombre ___________________________

Palabras expresivas

Escribe la palabra que corresponda a cada pista. Luego, escribe las letras numeradas para resolver el acertijo.

ex- fuera de **mal-** mal **ante-** antes

1. la parte que está fuera

   ___ ___ ___ ___ ___ ___ ___(2) ___(10)

2. la noche previa a la noche pasada

   ___ ___ ___ ___(4) ___ ___ ___ ___(5) ___ ___

3. hablar despectivamente de algo o alguien

   ___ ___(7) ___ ___(8) ___ ___ ___ ___

4. criminal, persona que hace cosas malas

   ___ ___ ___ ___(6) ___ ___ ___ ___(9) ___

5. decir algo para que se entienda

   ___ ___ ___ ___ ___ ___(1) ___(11) ___

6. un pariente viejo, ya muerto

   ___ ___ ___ ___ ___ ___ ___(3) ___ ___ ___

maldecir
explicar
anteanoche
antepasado
malhechor
exterior

Palabra secreta:

___ ___ ___ ___ ___ ___ ___ ___ ___ ___ ___
1 2 3 4 5 6 7 8 9 10 11

Nombre ______________________________

Nunca he pasado una noche más larga...

Adverbios Tofi ya hizo dibujos en su diario sobre la noche espantosa. Ayúdalo a completar su cuento. Escribe adverbios que indican *cómo, cuándo o dónde,* utilizando si quieres los que están en los granos de maíz. Luego, haz un dibujo final para su diario y escribe una oración usando un adverbio.

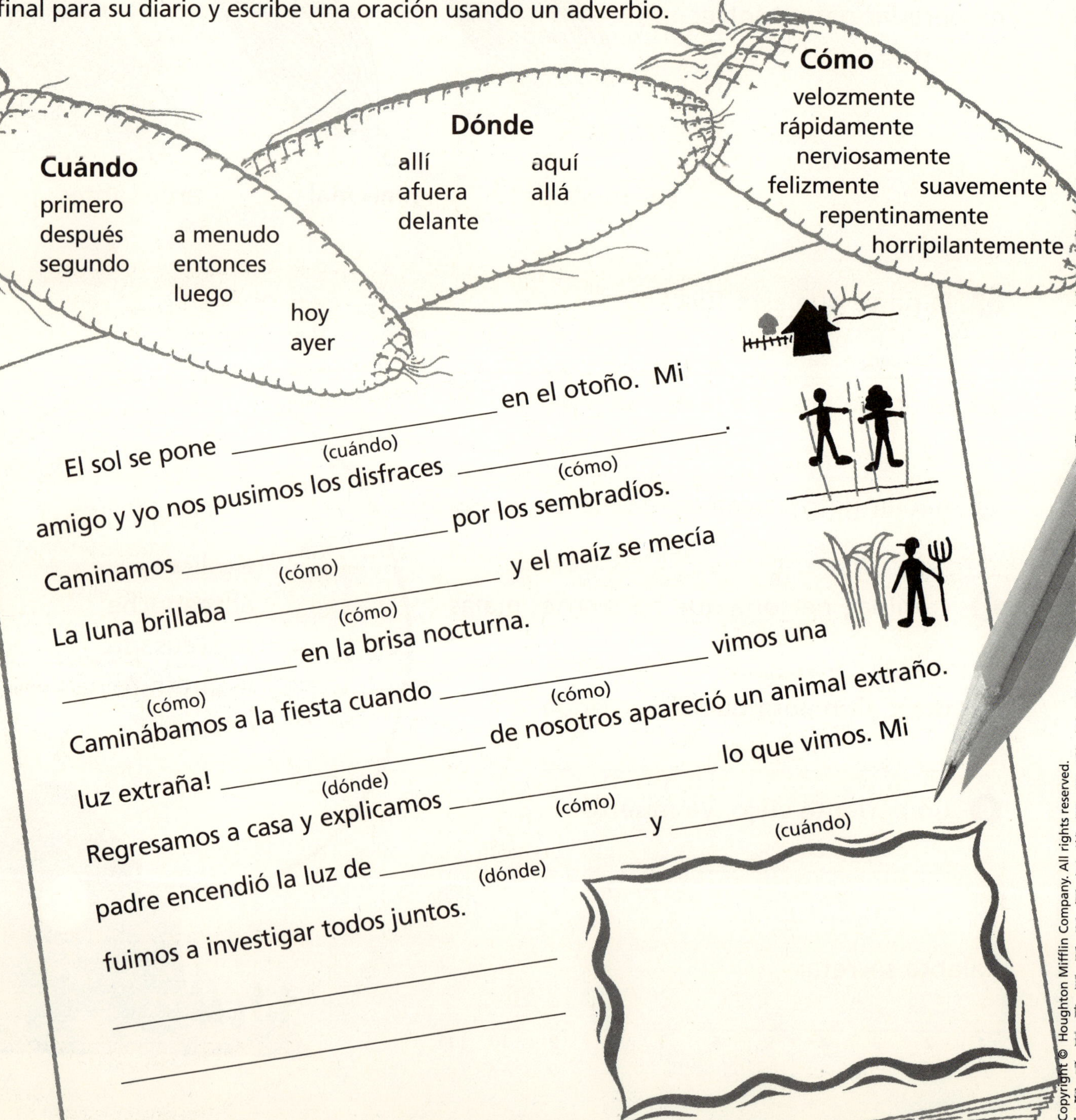

El sol se pone ______ (cuándo) en el otoño. Mi amigo y yo nos pusimos los disfraces ______ (cómo). Caminamos ______ (cómo) por los sembradíos. La luna brillaba ______ (cómo) y el maíz se mecía ______ (cómo) en la brisa nocturna. Caminábamos a la fiesta cuando ______ (cómo) vimos una luz extraña! ______ (dónde) de nosotros apareció un animal extraño. Regresamos a casa y explicamos ______ (cómo) lo que vimos. Mi padre encendió la luz de ______ (dónde) y ______ (cuándo) fuimos a investigar todos juntos.

____

____

Nombre ____________________

Viejos pero buenos

Palabras con *b* y *v* Cada Palabra de la lista tiene la letra ***b*** o ***v***. Las dos tienen sonidos parecidos aunque no son intercambiables. Escribe la letra correcta en cada cordón. Luego, escribe las palabras en el zapato que les corresponde.

Palabras

1. **baloncesto**
2. **sirviera**
3. **volaron**
4. **futbolín**
5. **sobresalto**
6. **balbuceó**
7. **vivimos**
8. **verdad**
9. **cubiertas**
10. **olvidados**

Mi lista de estudio
¿De qué otras palabras necesitas estudiar la ortografía? Añádelas a Mi lista de estudio para esta lección al final de este libro.

____aloncesto

sir____iera

____olaron

fut____olín

____al____uceó

____erdad

so____resalto

____i____imos

cu____iertas

ol____idados

b

____
____
____
____
____

v

____
____
____
____
____

Nombre ______________________________

Parranda de palabras

Correcciones Haz un círculo alrededor de las Palabras escritas incorrectamente. Luego escribe las correcciones en los espacios en blanco.

Palabras

1. baloncesto
2. sirviera
3. volaron
4. futbolín
5. sobresalto
6. balbuceó
7. vivimos
8. verdad
9. cubiertas
10. olvidados

Queridas amigas:

La berdad es que nuestro verano fue muy divertido. Ahora nosotras bibimos cerca del parque y jugamos al valoncesto todos los días. ¡Qué sovresalto tuvimos un día cuando el viento se llevó la pelota! De cualquier forma, no creía que esa pelota nos sirbiera por mucho tiempo. Bueno, es todo por ahora.

Dos abrazos,

Sus amigas

1. ______________________
2. ______________________
3. ______________________
4. ______________________
5. ______________________

Analogías **Escribe la palabra que corresponde a cada analogía.**

6. Las personas son a abrigos lo que los libros son a ______________________.
7. Peces son a nadaron lo que pájaros son a ______________________.
8. Tenis es a ping-pong lo que fútbol es a ______________________.
9. Caminó es a tropezó lo que habló es a ______________________.
10. Calzados es a descalzos lo que recordados es a ______________________.

Mi deporte favorito Imagina que eres un deportista famoso que se ve a menudo en la televisión. En una hoja de papel, escribe un artículo de periódico sobre ti mismo. Describe cómo eres y qué deporte juegas. Explica cómo llegaste a ser tan buen deportista. Usa las Palabras de la lista.

Nombre

Gráfica de autodeterminación

Completa el crucigrama. Si la pista se refiere a *sí mismo,* usa una palabra con la raíz *auto.* Si la pista se refiere a *escribir,* usa una palabra con la raíz *graf*.

autoengaño	**sismógrafo**
automatizar	**autodominio**
grafología	**autodidacta**
topógrafo	**ortografía**
autónomo	**telegrafía**

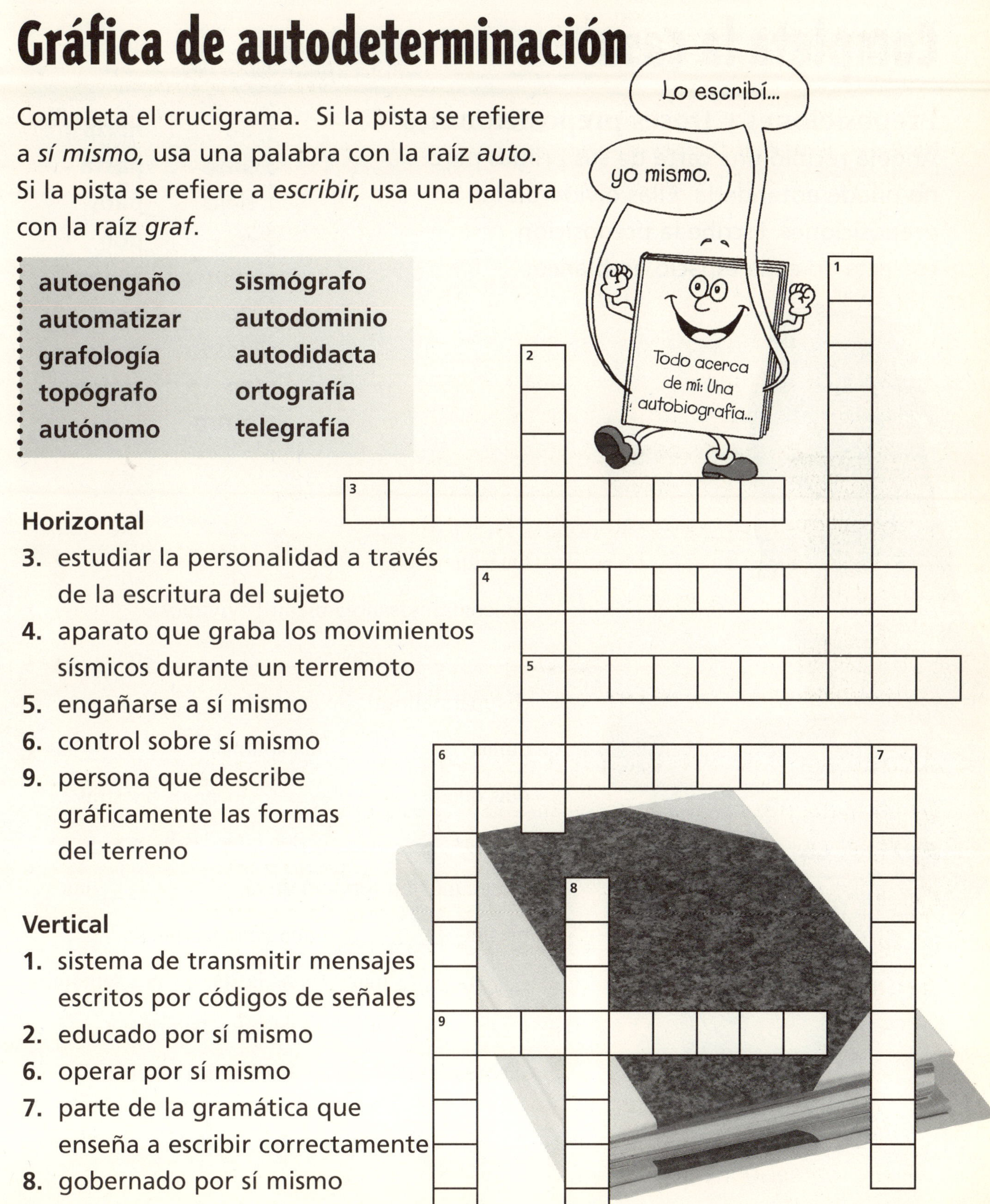

Horizontal

3. estudiar la personalidad a través de la escritura del sujeto
4. aparato que graba los movimientos sísmicos durante un terremoto
5. engañarse a sí mismo
6. control sobre sí mismo
9. persona que describe gráficamente las formas del terreno

Vertical

1. sistema de transmitir mensajes escritos por códigos de señales
2. educado por sí mismo
6. operar por sí mismo
7. parte de la gramática que enseña a escribir correctamente
8. gobernado por sí mismo

Nombre ____

Completa la casa

Preposiciones y frases preposicionales

Angela recibió una carta de sus primas pero no puede entenderla. Ellas olvidaron las preposiciones. Escribe la preposición correcta en cada espacio en blanco.

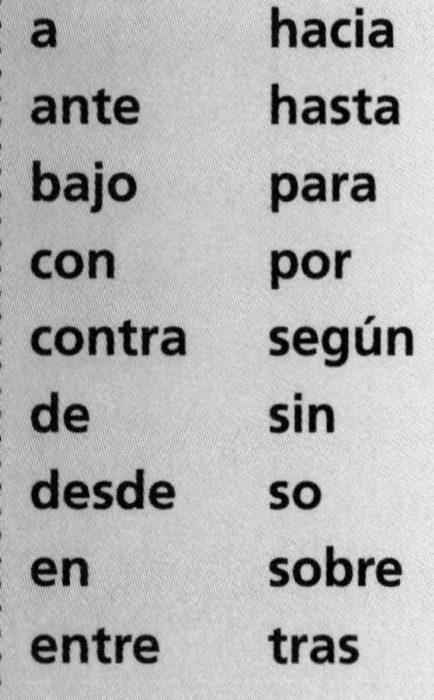

a	hacia
ante	hasta
bajo	para
con	por
contra	según
de	sin
desde	so
en	sobre
entre	tras

Querida prima:

¡Encontramos alojamiento! Vivimos ___________ una casa ___________ arena. ¡Es maravillosa! Se extiende ___________ las dunas ___________ la espuma ___________ las olas que besan la playa. Colocamos nuestras camitas ___________ dos conchas bonitas y arreglamos un servicio de té ___________ una mesita ___________ una ventana que da ___________ mar. Todas las tardes nos sentamos ___________ nuestros vestidos favoritos a saborear el té y a escuchar música ranchera.

Nombre ______________________________

Acertijo prehistórico

Los prefijos *pre-, per-* y *pro-* Estas Palabras contienen los prefijos ***pre-, per-*** o ***pro-***. Cuando escribas una palabra con prefijo, fíjate en el prefijo y en la base o raíz de la palabra.

preservó perfecto proyecto

Forma las Palabras de la lista con estos fragmentos de huesos. Traza una línea entre el prefijo y la base de la palabra que le corresponda. Luego, escribe las palabras.

Palabras

1. **prehistórico**
2. **precisión**
3. **preservó**
4. **permiso**
5. **perfecto**
6. **perforado**
7. **proyecto**
8. **proximidades**
9. **profundo**
10. **protectora**

Mi lista de estudio
¿De qué otras palabras necesitas estudiar la ortografía? Añádelas a Mi lista de estudio para esta lección al final de este libro.

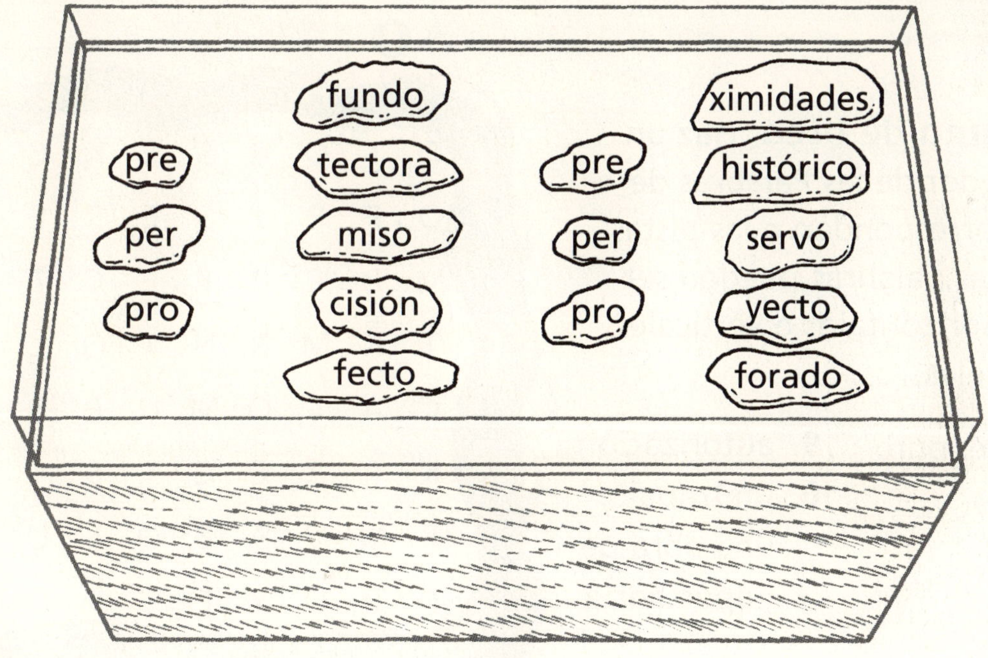

 ______________________________
 ______________________________
 ______________________________
 ______________________________
5 ______________________________
 ______________________________
 ______________________________
 ______________________________
9 ______________________________
10 ______________________________

Parranda de palabras

Palabras

1. prehistórico
2. precisión
3. preservó
4. permiso
5. perfecto
6. perforado
7. proyecto
8. proximidades
9. profundo
10. protectora

Correcciones Haz un círculo alrededor de las cinco Palabras mal escritas en este artículo de una revista de paleontología. Luego, escribe la forma correcta de la palabra.

En las preximidades de un pozo que había preforada una compañía de petróleo, se encontró el fósil de un animal prohistórico. Una capa pertector de brea lo perservó en perfectas condiciones.

1. ____________________
2. ____________________
3. ____________________
4. ____________________
5. ____________________

El crucigrama de brea Haz un círculo alrededor de las Palabras de la lista que correspondan a las pistas siguientes. Las palabras pueden ser diagonales, horizontales o verticales. Luego, escríbelas.

6. impecable, puro
7. hondo
8. exactitud
9. autorización
10. un trabajo, una obra de importancia

Q	T	O	R	S	E	K	C	R	P
O	P	R	I	S	B	R	E	A	R
M	P	E	R	F	E	C	T	O	O
T	R	M	R	N	T	Q	L	K	F
C	A	L	O	M	U	P	S	R	U
K	P	R	E	C	I	S	I	Ó	N
E	M	V	A	B	Q	S	U	T	D
P	R	O	Y	E	C	T	O	M	O

6. ____________________
7. ____________________
8. ____________________
9. ____________________
10. ____________________

Se necesita ayuda Un museo local desea contratar a un paleontólogo que dirija las excavaciones de fósiles y las exhibiciones del museo. En una hoja aparte, escribe un anuncio que incluya una descripción de las cualidades que sean necesarias y otros requisitos para el puesto. Usa Palabras de la lista.

Nombre ______________________

Búsqueda de significados

Tu amigo no sabe el significado de ciertas palabras del artículo que está leyendo. Usa las pistas del contexto para ayudarlo a comprender las palabras y luego escribe el significado de cada palabra subrayada.

1. "Un árbol no se petrifica de la noche a la mañana. Deben pasar siglos para que la madera se convierta en piedra". ❶ ______________________
2. "Hoy día sabemos que el pino, el roble y el sauce existen desde hace cientos de miles de años". ❷ ______________________
3. "Los restos de ciertos animales fueron preservados en capas de lodo que con el tiempo se endurecieron, convirtiéndose en roca sedimentaria". ❸ ______________________
4. "Los corales prehistóricos no vivían en colonias, sino que eran animales solitarios". ❹ ______________________
5. "A los dinosaurios se los puede clasificar en reptiles carnívoros, los que se alimentan de carne, o herbívoros". ❺ ______________________
6. "Los paleontólogos excavaron mamuts del fondo de los hoyos de brea y encontraron que el pelo y la piel de estos animales estaban intactos". ❻ ______________________

Una carta sobre Los Ángeles

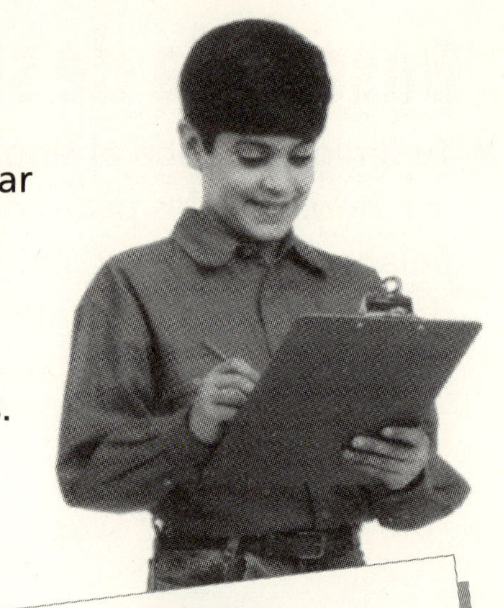

Pronombres/Complementos Julio viene de visitar a su amigo Juan en Los Ángeles. Allí vieron juntos los pozos de La Brea. Julio quiere mandarle una tarjeta postal a Juan, recordando el viaje, pero sabe que ha usado incorrectamente los pronombres/complementos. Ayúdalo con su carta, tachando los errores y anotando sobre ellos tus correcciones.

Ejemplo: Le enviaré la carta a ~~lo~~ él.

Estimado Juan:

¡Me divertí mucho con tú en Los Ángeles! Mi parte favorita del viaje fue nuestra visita al Rancho La Brea. Nuestra guía era muy simpática. Estuve muy contento de poder pasar la tarde con la. ¡Es increíble que la brea debajo de nos contenga tantos fósiles prehistóricos! Tengo una foto que sacaste de yo con el esqueleto de un mamut enorme. ¡Está chistosa! Bueno, ahora mi hermanito quiere que vaya a jugar con lo. Debo hacerlo, así que me despido. No olvides que quiero que pases el verano que viene aquí con mí.

Tu mejor amigo,

Julio

En una hoja aparte, vuelve a escribir la tarjeta.

Nombre

Una reseña

Lee esta reseña de un libro. Encuentra y corrige nueve errores. Usa lo que sabes acerca de cómo hacer correcciones. Los ejemplos te pueden ayudar.

¡Créeme, te encantará!

¿Puedes creer que existe una isla hecha de jabón, un pez que es más rápido que una onza o una familia con ~~tras~~ 100 muchachos? ¿Te gusta leer sobre lo imposible ~~inposible~~? Encontrarás todo esto y bien más en el nuevo libro de Cristina Gómez titulado *Extraño pero cierto*.

Nunca he leído un libro en tantos detalles fascinantes. Mi tía nos dio el libro a mi hermano y a mio. *Extraño pero cierto* está lleno de historias de gente y de cosas asombrosas. ¡Y todos los hechos son de berdad!

La señorita Gómez dice que tardó cinco años en colectar la información para este peryecto.

—Mis investigaciones para este libro fueron cuidadosas que ninguna otra que habré hecho —dice.

Extraño pero cierto te impresionará con sus historias increíbles de tierras lejanas. Éste es un libro pirfecto para llevar a la playa. Yo me leí el libro entero anteayer por la mañana. Éste es un libro enolvidable.

MANUAL DEL ESTUDIANTE

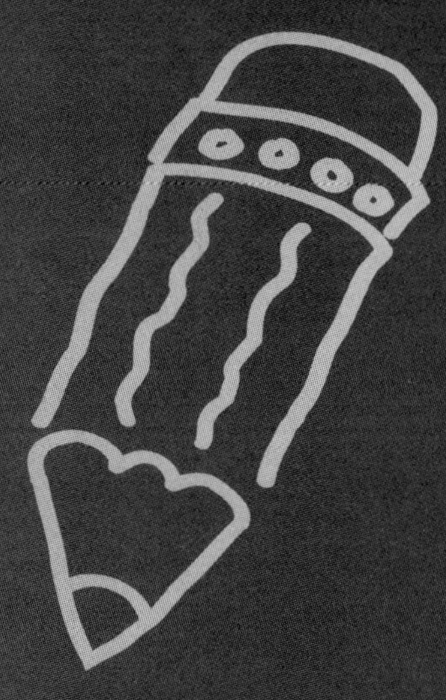

MANUAL DEL ESTUDIANTE

Contenido

Cómo estudiar una palabra

1 MIRA la palabra.

- ¿Qué significa la palabra?
- ¿Qué letras hay en la palabra?
- Nombra y señala con el dedo cada palabra.

2 LEE la palabra en voz alta.

- Escucha los sonidos de las consonantes.
- Escucha los sonidos de las vocales.

3 PIENSA en la palabra.

- ¿Cómo se deletrea cada sonido?
- Cierra los ojos e imagina la palabra.
- ¿Qué patrones de deletreo ves?
- ¿Ves algunos prefijos, sufijos u otras partes de palabras?

4 ESCRIBE la palabra.

- Piensa en los sonidos y las letras.
- Escribe correctamente las letras.

5 REVISA la ortografía.

- ¿Se parece tu palabra a la palabra de la lista?
- Si no la deletreaste correctamente, escríbela de nuevo.

Sílabas abiertas con *n, s, p*

nave
señales
pedazos

Palabras

1. nave
2. nubes
3. naranja
4. noticias
5. pedazos
6. pasar
7. pequeño
8. sonidos
9. señales
10. solar

Palabras avanzadas

1. neblina
2. poderosos
3. susurro
4. satélite
5. superficie

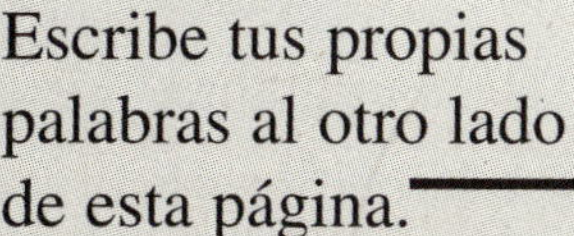

Mi lista de estudio

Escribe tus propias palabras al otro lado de esta página.

Listas de palabras para el hogar

Sufijos

explora**dor**
cocin**ero**

Palabras

1. explorador
2. vendedor
3. cazador
4. diseñador
5. jugador
6. cocinero
7. marinero
8. enfermero
9. jardinero
10. zapatero

Palabras avanzadas

1. obrero
2. banquero
3. investigador
4. entrenador
5. joyero

Mi lista de estudio

Escribe tus propias palabras al otro lado de esta página.

95

Listas de palabras para el hogar

Palabras base

caliente
rápidamente

Palabras

1. gente
2. cercano
3. sobrevivir
4. mundo
5. peligro
6. simplemente
7. picazón
8. ratito
9. mal
10. nacional

Palabras avanzadas

1. lamentablemente
2. transparente
3. repelente
4. tranquilamente
5. enérgicamente

Mi lista de estudio

Escribe tus propias palabras al otro lado de esta página.

95

Listas de ortografía y escritura

Nombre ______________________

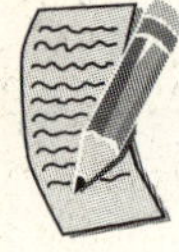

Mi lista de estudio

1. ______________________
2. ______________________
3. ______________________
4. ______________________
5. ______________________
6. ______________________
7. ______________________
8. ______________________
9. ______________________
10. ______________________

Otras palabras

Usa estas palabras en tu escritura.

1. centelleantes
2. desprevenidos
3. riesgo
4. charreteras
5. fumarolas
6. chirriaban

Cómo estudiar una palabra

MIRA la palabra.
LEE la palabra en voz alta.
PIENSA en la palabra.
ESCRIBE la palabra.
REVISA la ortografía.

Listas de ortografía y escritura

Nombre ______________________

Mi lista de estudio

1. ______________________
2. ______________________
3. ______________________
4. ______________________
5. ______________________
6. ______________________
7. ______________________
8. ______________________
9. ______________________
10. ______________________

Otras palabras

Usa estas palabras en tu escritura.

1. intérprete
2. expedición
3. tripulación
4. arneses
5. cima
6. latitud

Cómo estudiar una palabra

MIRA la palabra.
LEE la palabra en voz alta.
PIENSA en la palabra.
ESCRIBE la palabra.
REVISA la ortografía.

Listas de ortografía y escritura

Nombre ______________________

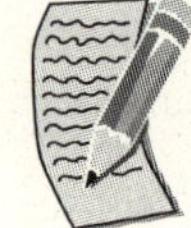

Mi lista de estudio

1. ______________________
2. ______________________
3. ______________________
4. ______________________
5. ______________________
6. ______________________
7. ______________________
8. ______________________
9. ______________________
10. ______________________

Otras palabras

Usa estas palabras en tu escritura.

1. atmósferas
2. gravedad
3. meteoritos
4. órbita
5. cometa
6. partículas

Cómo estudiar una palabra

MIRA la palabra.
LEE la palabra en voz alta.
PIENSA en la palabra.
ESCRIBE la palabra.
REVISA la ortografía.

Aumentativos, diminutivos

ali**ta**
animal**itos**
garron**as**
amig**ón**

Palabras

1. alita
2. amigón
3. animalitos
4. falconcito
5. garronas
6. jaulita
7. manchitas
8. manitas
9. nidito
10. pajaritos

Palabras avanzadas

1. amiguito
2. amorcito
3. finquita
4. laguito
5. placita

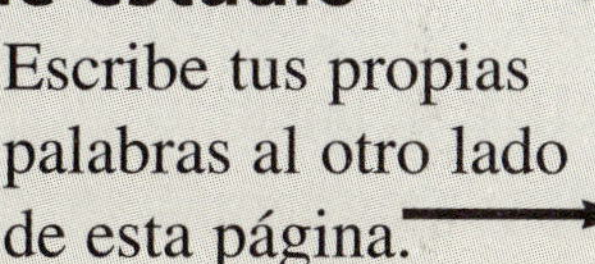

Mi lista de estudio

Escribe tus propias palabras al otro lado de esta página. →

Listas de palabras para el hogar

Palabras con sufijos que ayudan a formar sustantivos

insola**ción** precios**idad**
tern**ura** alpin**ista**
femin**ismo** vehem**encia**

Palabras

1. insolación
2. feminismo
3. habitación
4. preciosidad
5. casualidad
6. ternura
7. alpinista
8. desesperación
9. sensación
10. vehemencia

Palabras avanzadas

1. animación
2. vagancia
3. barbaridad
4. captura
5. almacenista

Mi lista de estudio

Escribe tus propias palabras al otro lado de esta página. →

Listas de palabras para el hogar

Palabras con sílabas cerradas

mundo
montañas

Palabras

1. mundo
2. bosques
3. ambiente
4. hombre
5. leyendas
6. montañas
7. músculos
8. espeso
9. viento
10. gente

Palabras avanzadas

1. alimentarse
2. rasgos
3. astuto
4. científicos
5. rescatar

Mi lista de estudio

Escribe tus propias palabras al otro lado de esta página. →

Nombre ______

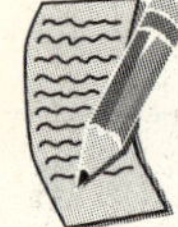

Mi lista de estudio

1. ______
2. ______
3. ______
4. ______
5. ______
6. ______
7. ______
8. ______
9. ______
10. ______

Otras palabras

Usa estas palabras en tu escritura.

1. domesticados
2. jerarquía
3. sumisión
4. guarida
5. madriguera

Cómo estudiar una palabra

MIRA la palabra.
LEE la palabra en voz alta.
PIENSA en la palabra.
ESCRIBE la palabra.
REVISA la ortografía.

Nombre ______

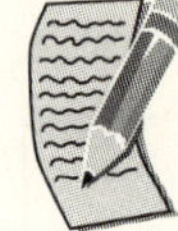

Mi lista de estudio

1. ______
2. ______
3. ______
4. ______
5. ______
6. ______
7. ______
8. ______
9. ______
10. ______

Otras palabras

Usa estas palabras en tu escritura.

1. insoportable
2. desanimados
3. desesperación
4. ansiosamente
5. angustiosamente

Cómo estudiar una palabra

MIRA la palabra.
LEE la palabra en voz alta.
PIENSA en la palabra.
ESCRIBE la palabra.
REVISA la ortografía.

Nombre ______

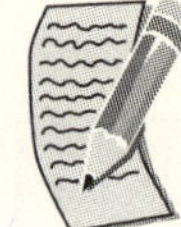

Mi lista de estudio

1. ______
2. ______
3. ______
4. ______
5. ______
6. ______
7. ______
8. ______
9. ______
10. ______

Otras palabras

Usa estas palabras en tu escritura.

1. soportaba
2. cautiverio
3. libertad
4. pareja

Cómo estudiar una palabra

MIRA la palabra.
LEE la palabra en voz alta.
PIENSA en la palabra.
ESCRIBE la palabra.
REVISA la ortografía.

Listas de palabras para el hogar

Palabras con *g suave*

a**g**arrar
golpeaba
pre**g**untó

Palabras

1. agarrar
2. agradable
3. se alegraron
4. detengas
5. golpeaba
6. granjas
7. gritaba
8. lengua
9. preguntó
10. significaba

Palabras avanzadas

1. averigüe
2. agacharme
3. guante
4. conseguimos
5. sin embargo

Mi lista de estudio

Escribe tus propias palabras al otro lado de esta página. →

Listas de palabras para el hogar

Palabras con *s, c suave* y *z*

situada
re**c**ibir
cabe**z**as

Palabras

1. situada
2. recibir
3. cabezas
4. empezaron
5. punzante
6. se casaron
7. desayuno
8. espalda
9. necesita
10. cocina

Palabras avanzadas

1. comenzaba
2. paisaje
3. espacios
4. felices
5. anunciado

Mi lista de estudio

Escribe tus propias palabras al otro lado de esta página. →

99

Listas de palabras para el hogar

Palabras con sufijos que ayudan a formar adjetivos

amist**osa**	atracti**vo**
delg**ados**	desagrad**able**
import**ante**	nervio**sísima**

Palabras

1. amistosa
2. atractivo
3. cariñosa
4. delgados
5. delicados
6. desagradable
7. importante
8. nerviosísima
9. pegados
10. pintadas

Palabras avanzadas

1. deshonrada
2. responsables
3. rizados
4. salpicadas
5. variados

Mi lista de estudio

Escribe tus propias palabras al otro lado de esta página. →

99

Listas de ortografía y escritura

Nombre ______________

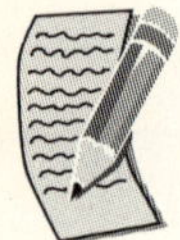

Mi lista de estudio

1. ______________
2. ______________
3. ______________
4. ______________
5. ______________
6. ______________
7. ______________
8. ______________
9. ______________
10. ______________

Otras palabras

Usa estas palabras en tu escritura.

1. desconocida
2. extranjero
3. reputación
4. embajadora
5. respeto
6. escapada

Cómo estudiar una palabra

MIRA la palabra.
LEE la palabra en voz alta.
PIENSA en la palabra.
ESCRIBE la palabra.
REVISA la ortografía.

Listas de ortografía y escritura

Nombre ______________

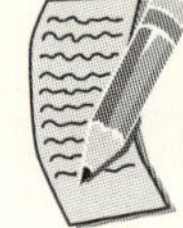

Mi lista de estudio

1. ______________
2. ______________
3. ______________
4. ______________
5. ______________
6. ______________
7. ______________
8. ______________
9. ______________
10. ______________

Otras palabras

Usa estas palabras en tu escritura.

1. furia
2. enojada
3. preocupado
4. se burló
5. irritada
6. avergonzado

Cómo estudiar una palabra

MIRA la palabra.
LEE la palabra en voz alta.
PIENSA en la palabra.
ESCRIBE la palabra.
REVISA la ortografía.

Listas de ortografía y escritura

Nombre ______________

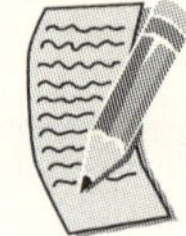

Mi lista de estudio

1. ______________
2. ______________
3. ______________
4. ______________
5. ______________
6. ______________
7. ______________
8. ______________
9. ______________
10. ______________

Otras palabras

Usa estas palabras en tu escritura.

1. partido
2. finales
3. serie
4. entrada
5. doble
6. toque
7. red de protección

Cómo estudiar una palabra

MIRA la palabra.
LEE la palabra en voz alta.
PIENSA en la palabra.
ESCRIBE la palabra.
REVISA la ortografía.

Listas de palabras para el hogar

Palabras con *g fuerte*, *j* y *x*

México
re**g**istrado
de**j**aron

Palabras

1. México
2. empujan
3. garaje
4. registrado
5. energía
6. dejaron
7. abajo
8. gigantesco
9. alejan
10. juzgada

Palabras avanzadas

1. agitó
2. burbujea
3. ejemplo
4. Mojave
5. Japón

Mi lista de estudio

Escribe tus propias palabras al otro lado de esta página. →

Listas de palabras para el hogar

Combinaciones con *r*

most**r**ador
gritando
brazo
pronto

Palabras

1. mostrador
2. gritando
3. brazo
4. mientras
5. eléctrica
6. lágrimas
7. trozos
8. palabras
9. pronto
10. a través de

Palabras avanzadas

1. bramadera
2. tranquilizante
3. transmitiendo
4. me estrellé
5. desprecio

Mi lista de estudio

Escribe tus propias palabras al otro lado de esta página. →

Listas de palabras para el hogar

Palabras compuestas

cumpleaños
espantapájaros
tocadiscos
rompecabezas

Palabras

1. cumpleaños
2. espantapájaros
3. pelirrojos
4. tocadiscos
5. rompecabezas
6. lavaplatos
7. paraguas
8. cortacésped
9. trabalenguas
10. malcrías

Palabras avanzadas

1. sujetapapeles
2. pasatiempo
3. quehaceres
4. sacapuntas
5. videocasetera

Mi lista de estudio

Escribe tus propias palabras al otro lado de esta página. →

Nombre ____________

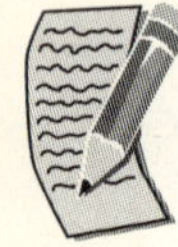

Mi lista de estudio

1. ____________
2. ____________
3. ____________
4. ____________
5. ____________
6. ____________
7. ____________
8. ____________
9. ____________
10. ____________

Otras palabras

Usa estas palabras en tu escritura.

1. decorado
2. audiciones
3. líneas
4. papeles
5. heroína
6. guión
7. reparto

Cómo estudiar una palabra

MIRA la palabra.
LEE la palabra en voz alta.
PIENSA en la palabra.
ESCRIBE la palabra.
REVISA la ortografía.

Nombre ____________

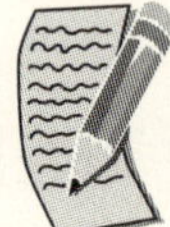

Mi lista de estudio

1. ____________
2. ____________
3. ____________
4. ____________
5. ____________
6. ____________
7. ____________
8. ____________
9. ____________
10. ____________

Otras palabras

Usa estas palabras en tu escritura.

1. parpadear
2. destellos
3. vacío
4. aullador
5. ululante
6. terror
7. agazapados

Cómo estudiar una palabra

MIRA la palabra.
LEE la palabra en voz alta.
PIENSA en la palabra.
ESCRIBE la palabra.
REVISA la ortografía.

Nombre ____________

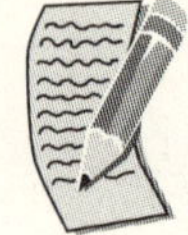

Mi lista de estudio

1. ____________
2. ____________
3. ____________
4. ____________
5. ____________
6. ____________
7. ____________
8. ____________
9. ____________
10. ____________

Otras palabras

Usa estas palabras en tu escritura.

1. tambalea
2. fricción
3. tensión
4. desplaza
5. deslizado
6. magnitud

Cómo estudiar una palabra

MIRA la palabra.
LEE la palabra en voz alta.
PIENSA en la palabra.
ESCRIBE la palabra.
REVISA la ortografía.

Prefijos *dis-/des-*, *mis-* y *re-*

repartidos
desconocían
disparar

Palabras

1. repartidos
2. desconocían
3. desaparecido
4. resistencia
5. disparar
6. recoger
7. regañaba
8. despreciaba
9. reunirnos
10. desarrollar

Palabras avanzadas

1. recientemente
2. reclamaban
3. resentían
4. desigual
5. desalentados

Mi lista de estudio

Escribe tus propias palabras al otro lado de esta página. →

Listas de palabras para el hogar

Palabras con las raíces *port* y *spec*

trans**port**ar
intro**spec**tivo

Palabras

1. transportar
2. importar
3. aportar
4. portátil
5. portero
6. inspector
7. espectacular
8. espectáculo
9. inspeccionar
10. introspectivo

Palabras avanzadas

1. retrospección
2. expectativa
3. portada
4. portaaviones
5. reportaje

Mi lista de estudio

Escribe tus propias palabras al otro lado de esta página. →

103

Listas de palabras para el hogar

Combinaciones con *l*

a**pl**ausos
flecha
c**l**ase
glorioso
tem**bl**aban

Palabras

1. aplausos
2. glorioso
3. exploración
4. desplegaron
5. flecha
6. exclamaba
7. publicaron
8. temblaban
9. reflejo
10. clase

Palabras avanzadas

1. plataforma
2. incontrolable
3. aplazamiento
4. plegaria
5. diplomáticos

Mi lista de estudio

Escribe tus propias palabras al otro lado de esta página. →

103

Listas de ortografía y escritura

Nombre ______________________

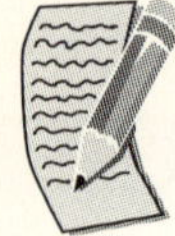

Mi lista de estudio

1. ______________________
2. ______________________
3. ______________________
4. ______________________
5. ______________________
6. ______________________
7. ______________________
8. ______________________
9. ______________________
10. ______________________

Otras palabras

Usa estas palabras en tu escritura.

1. atónito
2. pasmoso
3. tragedia
4. condolencia
5. atribuladas

Cómo estudiar una palabra

MIRA la palabra.
LEE la palabra en voz alta.
PIENSA en la palabra.
ESCRIBE la palabra.
REVISA la ortografía.

Listas de ortografía y escritura

Nombre ______________________

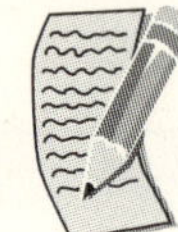

Mi lista de estudio

1. ______________________
2. ______________________
3. ______________________
4. ______________________
5. ______________________
6. ______________________
7. ______________________
8. ______________________
9. ______________________
10. ______________________

Otras palabras

Usa estas palabras en tu escritura.

1. cólera
2. caravana
3. fustas
4. colleras
5. revolcaderos
6. desolado

Cómo estudiar una palabra

MIRA la palabra.
LEE la palabra en voz alta.
PIENSA en la palabra.
ESCRIBE la palabra.
REVISA la ortografía.

Listas de ortografía y escritura

Nombre ______________________

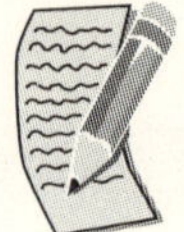

Mi lista de estudio

1. ______________________
2. ______________________
3. ______________________
4. ______________________
5. ______________________
6. ______________________
7. ______________________
8. ______________________
9. ______________________
10. ______________________

Otras palabras

Usa estas palabras en tu escritura.

1. costumbres
2. mitos
3. tradicionales
4. primitivo
5. sagrado
6. civilización
7. cultura

Cómo estudiar una palabra

MIRA la palabra.
LEE la palabra en voz alta.
PIENSA en la palabra.
ESCRIBE la palabra.
REVISA la ortografía.

Listas de palabras para el hogar

Prefijos *ex-*, *ant-* y *mal-*

antesala
exhausto
malogró

Palabras

1. se extendía
2. antesala
3. exhausto
4. antebrazo
5. malogró
6. maltrataron
7. maleducado
8. malestar
9. anteayer
10. antepasado

Palabras avanzadas

1. excluye
2. antepenúltima
3. malhumor
4. anteriormente
5. maldispuesto

Mi lista de estudio

Escribe tus propias palabras al otro lado de esta página.

Listas de palabras para el hogar

Prefijos *in-/im-*, *en-/em-* y *co-/con-/com-*

inolvidable/**im**paciente
enseñó/**em**peorar
confiado/**com**petir

Palabras

1. inolvidable
2. enseñó
3. confiado
4. impaciente
5. inútil
6. imposible
7. conjunto
8. empeorar
9. competir
10. incapaz

Palabras avanzadas

1. encantaría
2. enfrascado
3. se encargaría de
4. complacidos
5. increíble

Mi lista de estudio

Escribe tus propias palabras al otro lado de esta página.

Listas de palabras para el hogar

Palabras con *x*

excéntricos

Palabras

1. excéntricos
2. exclama
3. explica
4. explosivos
5. explosión
6. extraño
7. exprimir
8. explanada
9. excavar
10. extraer

Palabras avanzadas

1. éxito
2. extraterrestre
3. exigir
4. examen
5. exhausto

Mi lista de estudio

Escribe tus propias palabras al otro lado de esta página.

Listas de ortografía y escritura

Nombre ______________________

Mi lista de estudio

1. ______________________
2. ______________________
3. ______________________
4. ______________________
5. ______________________
6. ______________________
7. ______________________
8. ______________________
9. ______________________
10. ______________________

Otras palabras

Usa estas palabras en tu escritura.

1. honrado
2. porfiamos
3. calamidad
4. generosidad
5. casualidad
6. perjuicio

Cómo estudiar una palabra

MIRA la palabra.
LEE la palabra en voz alta.
PIENSA en la palabra.
ESCRIBE la palabra.
REVISA la ortografía.

Listas de ortografía y escritura

Nombre ______________________

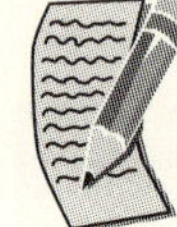

Mi lista de estudio

1. ______________________
2. ______________________
3. ______________________
4. ______________________
5. ______________________
6. ______________________
7. ______________________
8. ______________________
9. ______________________
10. ______________________

Otras palabras

Usa estas palabras en tu escritura.

1. espectáculo
2. lucirse
3. mímica
4. ademán
5. bastidores
6. reverencia
7. simular

Cómo estudiar una palabra

MIRA la palabra.
LEE la palabra en voz alta.
PIENSA en la palabra.
ESCRIBE la palabra.
REVISA la ortografía.

Listas de ortografía y escritura

Nombre ______________________

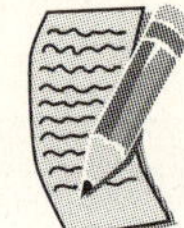

Mi lista de estudio

1. ______________________
2. ______________________
3. ______________________
4. ______________________
5. ______________________
6. ______________________
7. ______________________
8. ______________________
9. ______________________
10. ______________________

Otras palabras

Usa estas palabras en tu escritura.

1. marcianos
2. Venus
3. invasores
4. extraterrestre
5. abrumadoras

Cómo estudiar una palabra

MIRA la palabra.
LEE la palabra en voz alta.
PIENSA en la palabra.
ESCRIBE la palabra.
REVISA la ortografía.

Listas de palabras para el hogar

Prefijos *pre-*, *per-* y *pro-*

proximidades
preservó
permiso

Palabras

1. proximidades
2. preservó
3. protectora
4. precisión
5. profundo
6. proyecto
7. permiso
8. perfecto
9. perforado
10. prehistórico

Palabras avanzadas

1. propietario
2. percibir
3. persuadimos
4. prevenir
5. precursor

Mi lista de estudio

Escribe tus propias palabras al otro lado de esta página.

Palabras con *b* y *v*

baloncesto
volaron

Palabras

1. baloncesto
2. sirviera
3. volaron
4. futbolín
5. sobresalto
6. balbuceó
7. vivimos
8. verdad
9. cubiertas
10. olvidados

Palabras avanzadas

1. invisibles
2. despavoridos
3. boquiabierto
4. se asombraron
5. televisión

Mi lista de estudio

Escribe tus propias palabras al otro lado de esta página.

Nombre ____________

Mi lista de estudio

1. ____________
2. ____________
3. ____________
4. ____________
5. ____________
6. ____________
7. ____________
8. ____________
9. ____________
10. ____________

Otras palabras

Usa estas palabras en tu escritura.

1. advirtieron
2. provocaba
3. acogedor
4. afectuosa
5. arreció
6. alborotados
7. afán

Cómo estudiar una palabra

MIRA la palabra.
LEE la palabra en voz alta.
PIENSA en la palabra.
ESCRIBE la palabra.
REVISA la ortografía.

Listas de ortografía y escritura

Nombre ____________

Mi lista de estudio

1. ____________
2. ____________
3. ____________
4. ____________
5. ____________
6. ____________
7. ____________
8. ____________
9. ____________
10. ____________

Otras palabras

Usa estas palabras en tu escritura.

1. se han extinguido
2. depósitos
3. fósil
4. preservó
5. impregnaba
6. esqueleto
7. se han excavado

Cómo estudiar una palabra

MIRA la palabra.
LEE la palabra en voz alta.
PIENSA en la palabra.
ESCRIBE la palabra.
REVISA la ortografía.

Acentuación

Las palabras se forman con grupos de sonidos que se llaman **sílabas**. Cada palabra tiene una **sílaba acentuada**. Se pronuncia la sílaba acentuada con más énfasis. Observa las sílabas acentuadas en estas palabras:

casa pa**red** te**lé**fono

Cada palabra tiene una sílaba acentuada aun cuando no tiene acento escrito. El acento escrito siempre se pone encima de una vocal.

Tipos de palabras

Hay tres tipos de palabras según la sílaba acentuada. Las palabras **esdrújulas** tienen la antepenúltima sílaba enfatizada. Siempre llevan acento escrito.

po**lí**tico al**bón**diga demo**crá**tico

Las palabras **graves** o **llanas** tienen la penúltima sílaba enfatizada. Sólo necesitan acento escrito si terminan en consonante que no sea *n* ni *s*.

sala **ár**bol **jo**ven

Las palabras **agudas** tienen la última sílaba enfatizada. Sólo necesitan acento escrito si terminan en vocal, *n* o *s*.

sa**lud** ha**blé** cora**zón** ca**fés**

Letras y sonidos iguales y parecidos

El seseo

El **seseo** se refiere al sonido de la letra *s*, que es igual que la *c* antes de las letras *e* e *i* y la letra *z*.

so**s**o **c**ielo **z**apato**s** **c**o**s**e

Las letras *v* y *b*

A veces es difícil distinguir el sonido de la *v* y la *b*. Se le dice *b* de *Barcelona* o *b* de *burro* y *v* de *Valencia* o *v* de *vaca*.

votar **b**otar **v**í**b**ora

La *v* se pronuncia igual que la *b*, excepto que al comienzo de una palabra es un poco más suave.

viejo ¡viva! Bolívar

La letra *h*

La letra *h* no se pronuncia, pero aparece en muchas palabras.

*h*ijos almo*h*ada *h*ielo

Cambios de deletreo

La *y* antes de la *i* y antes de la combinación *-hi* se convierte en *e*.

Es una compañía de padres **e hi**jos.

Mis primos se llaman José **e I**rma.

La *o* antes de la *o* y antes de la combinación *-ho* se convierte en *u*.

Es de una manera **u o**tra.

Pregúntale a Sara **u O**scar.

Este baño, ¿es de mujeres **u ho**mbres?

Los prefijos y sufijos

Los **prefijos** se ponen al comienzo de una palabra.

Prefijos	Significado	Palabra	Significado
dis–	no	**dis**gustar	no gustar
re–	otra vez	**re**leer	leer otra vez
in–	no	**in**visible	no visible

Los **sufijos** se ponen al final de una palabra.

Sufijo	Significado	Palabra	Significado
-ista	persona que...	art**ista**	hace arte
-dad/-tad	estado	liber**tad**	libre
-oso/-osa	lleno de	jug**oso**	lleno de jugo
-on	aumenta	caj**ón**	caja grande
-mente	cómo	rápida**mente**	con rapidez
-ía	lugar donde...	panader**ía**	se hace pan
-azo	golpeado por...	pelot**azo**	una pelota

Los homófonos

Los **homófonos** son palabras que tienen la misma pronunciación, pero diferentes significados. Se les pone un acento escrito para distinguirlas.

de	dé	solo	sólo
mi	mí	te	té
se	sé	tu	tú
si	sí		

* Las palabras **qué, cómo, quién, cuándo, cuánto, dónde** tienen acento cuando forman parte de una pregunta.

ORACIONES

Definición

Una oración es un grupo de palabras que expresa un pensamiento completo. Está formada por un sujeto (qué o quién) y un predicado (lo que el sujeto es o hace). La oración siempre empieza con mayúscula.

Los chicos van a la plaza.

Mi amiga tiene una bicicleta azul.

Una frase es un grupo de palabras relacionadas entre sí y que tienen sentido, pero no expresa un pensamiento completo.

de vez en cuando

en casa

Tipos de oraciones

Hay cuatro tipos de oraciones:

Una oración **enunciativa** o **declarativa** es aquélla en la que se dice, se cuenta o se afirma algo. Estas oraciones siempre terminan con un punto final.

La casa es blanca**.**

Una oración **interrogativa** es aquélla en la que se pregunta algo. Estas oraciones siempre empiezan y terminan con signos de interrogación.

¿Adónde te gustaría ir de vacaciones**?**

Una oración **imperativa** expresa una orden. Con frecuencia, estas oraciones empiezan y terminan con signos de exclamación.

¡Date prisa**!**

Una oración **exclamativa** es aquélla en la que se expresa un sentimiento intenso. Estas oraciones siempre empiezan y terminan con signos de exclamación.

¡Qué hermoso sombrero**!**

¡Qué frío**!**

Sujetos y predicados

El **sujeto** es la persona o cosa sobre la que se habla en la oración. En español, el sujeto de una oración puede estar presente (sujeto expreso) o no (sujeto tácito).

Juan me manda muchas postales. (sujeto expreso: **Juan**)

Voy a llamarlo por teléfono. (sujeto tácito: **yo**)

Las únicas palabras que pueden ser sujeto de oración son los **sustantivos** (incluidos los nombres de personas y lugares) y los **pronombres**.

El **avión** partió a las cuatro de la tarde.

Chicago es una ciudad muy grande.

Nosotras preferimos ir a pie.

Los únicos pronombres que pueden ser sujeto de oraciones son: **yo, tú, usted, él, ella, nosotros(as), vosotros(as), ustedes, ellos(as)**.

El sujeto puede ser simple o compuesto. El **sujeto simple** tiene un solo núcleo o palabra principal (sustantivo o pronombre). El **sujeto compuesto** tiene más de un núcleo (sustantivo o pronombre).

Mis abuelos llegan hoy. (sujeto simple)

Mis tíos y mis primos llegan mañana. (sujeto compuesto).

El **predicado** es la parte de la oración que dice cómo es o qué hace el sujeto. Por lo general, el núcleo del predicado es el verbo.

Nuestra escuela **es grande**.

Los elefantes **son animales muy simpáticos**.

Quiero un pastel de chocolate.

Elena **hace la tarea**.

El predicado puede ser simple o compuesto. El **predicado simple** tiene un solo verbo núcleo. El **predicado compuesto** tiene más de un verbo núcleo.

María **juega al fútbol**. (predicado simple)

Diamela **baila y patina bastante bien**. (predicado compuesto)

[**ojo**: los verbos deben estar conjugados]

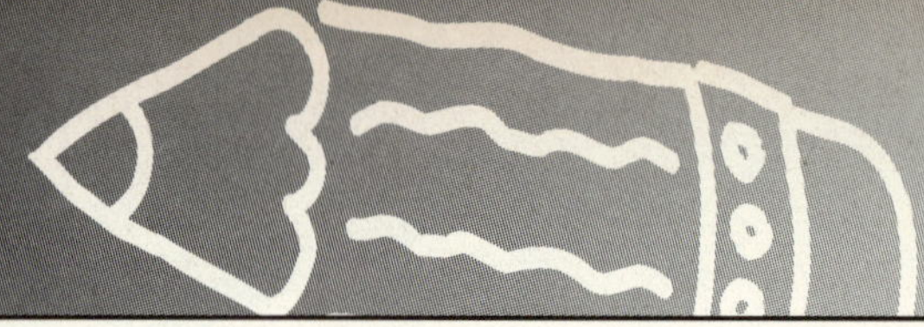

SUSTANTIVOS

Definición

El **sustantivo** designa o nombra personas, lugares o cosas. Los **sustantivos comunes** nombran a una persona, lugar o cosa en general; siempre empiezan con minúscula. Los **sustantivos** o **nombres propios** nombran a una persona, lugar o cosa en particular; siempre empiezan con mayúscula.

Sustantivos	Comunes	Propios
Personas	muchacho, estudiante, escritora	Picasso, Dulcinea
Lugares	lago, escuela, patio, cocina	La Paz, Río Bravo
Cosas	bote, calendario, libro	Don Quijote, IBM

Sustantivos singulares y plurales

Los **sustantivos singulares** nombran a una sola persona, lugar o cosa.

El **niño** juega con su **perro** en la **playa**.

Los **sustantivos plurales** nombran a más de una persona, lugar o cosa.

Los **jardineros** siembran **flores** y **plantas** en los **jardines**.

En las grandes **ciudades** hay muchos **cines** y **cafés**.

Para formar el plural:

- si el sustantivo termina en vocal, agrega una *-s* al final:

niño niños
playa playas
cine cines
café cafés

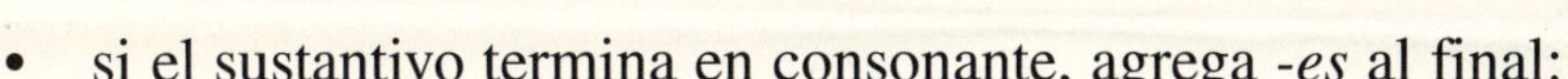

- si el sustantivo termina en consonante, agrega *-es* al final:

flor	flores
jardín	jardines
camión	camiones
ciudad	ciudades

[**ojo:** los sustantivos singulares terminados en consonante que llevan acento en la última sílaba *(-ón)* no llevan acento en la forma plural *(-ones)*]

- si termina en *-z*, elimina la *-z* y agrega *-ces*:

cruz	cruces
luz	luces
lápiz	lápices

- si termina en *-s* o *-x*, el plural queda igual:

tesis	tesis
dosis	dosis
tórax	tórax

Sustantivos femeninos y masculinos

Son femeninos:

Por el significado

- los sustantivos que se refieren a mujeres

1. por su nombre: Mara, Noemí, Julieta, las García

2. por su profesión u oficio: la profesora, la modista, la empresaria

3. por su cargo o jerarquía: la presidenta, la gerenta, la directora

4. por su relación con otra personas: la tía, la hija, la consejera, la mentora

5. por su nacionalidad: la española, la irlandesa, la italiana

- los sustantivos que se refieren a los animales hembras: la vaca, la gallina, la yegua, la gata, la oveja.

Por la terminación

- los sustantivos que terminan en

1. -a la casa, la lámpara, la biblioteca, la isla

[excepciones: el día, el mapa, el clima; y casi todas la palabras terminadas en *-ama* y *-ema*: el crucigrama, el drama, el anagrama, el problema, el tema, el poema]

2. -dad la edad, la electricidad, la amistad

3. -ción la constitución, la canción, la elección

Son masculinos:

Por el significado

- los sustantivos que se refieren a hombres

1. por su nombre: Marcos, Néstor, Julio, los Fernández

2. por su profesión u oficio: el profesor, el modisto, el empresario

3. por su cargo o jerarquía: el presidente, el gerente, el director

4. por su relación con otras personas: el tío, el hijo, el consejero, el mentor

5. por su nacionalidad: el español, el irlandés, el italiano

- los sustantivos que se refieren a los animales machos: el toro, el gallo, el caballo, el gato, el cordero.

Por la terminación

- los sustantivos que se refieren a cosas o lugares que terminan en *-o:* el libro, el armario, el patio, el río

[excepciones: la mano y muchas palabras acortadas en el uso diario: la foto(grafía), la moto(cicleta)]

Algunos sustantivos tienen un significado cuando son femeninos y otro cuando son masculinos:

el corte de pelo
la corte de Francia

ADJETIVOS

Los **adjetivos** son palabras que sirven para describir personas, cosas, lugares e ideas. Tienen el mismo género y número que el sustantivo que describen.

La fiesta es **divertida**.

Miguelito está **precioso**.

Los pasteles son **deliciosos**.

Las velitas están **encendidas**.

Todos parecen muy **felices**.

Los adjetivos que terminan en *-e* o en consonante tienen la misma forma en femenino y en masculino.

Leticia es **joven** e **inteligente**.

Pedro es **joven** e **inteligente**.

Para formar el plural:

- si el adjetivo termina en *-a*, en *-o* o en *-e*, agrega una *-s* al final:

La chica es alt**a**.

Las chicas son alt**as**.

Luis es baj**o**.

Luis y Pedro son baj**os**.

Lucía es inteligent**e**.

Lucía y Andrés son inteligent**es**.

- si el adjetivo termina en consonante, agrega *-es* al final:

Me gustan esos zapatos azul**es**.

Juan y Magdalena son joven**es**.

El adjetivo también puede expresar cantidad. En esos casos el adjetivo va antes del sustantivo.

Tres amigos van a la playa.

Tengo **muchos** cuadernos.

Artículos

Los **artículos** son un tipo especial de adjetivo. Van siempre antes del sustantivo.

- Los **artículos indefinidos un**, **una**, **unos**, **unas** se refieren a cualquier persona, lugar o cosa.

Me gustaría ir a **una** fiesta.

- Los **artículos definidos el**, **la**, **los**, **las** se refieren a una persona, lugar o cosa en particular.

La fiesta que dio Candy para Año Nuevo fue divertidísima.

El **artículo neutro lo** sirve para transformar adjetivos en sustantivos.

Lo mejor de la fiesta fue la música.

Lo más divertido fue el baile de disfraces.

Adjetivos demostrativos

Los **adjetivos demostrativos** son otro tipo especial de adjetivo. También van siempre antes de un sustantivo y se dividen en tres grupos:

- **este**, **esta**, **estos**, **estas** se refieren a personas o cosas que están cerca del hablante:

Este vestido me queda grande.

Estas bolsas son de Raquel.

- **ese**, **esa**, **esos**, **esas** se refieren a personas o cosas que están un poco alejadas del hablante:

  Esa casa es muy cara.

  Esos chicos son un poco traviesos.

- **aquel**, **aquella**, **aquellos**, **aquellas** se refieren a personas o cosas que están lejos del hablante:

  Aquella Navidad me regalaron una bicicleta.

  Aquel monte está a más de tres millas de aquí.

Pronombres demostrativos

Es importante no confundir los adjetivos demostrativos y los pronombres demostrativos, aunque son muy parecidos. La diferencia es que los pronombres llevan acento y reemplazan al sustantivo:

adjetivo demostrativo —¿Te gustan **estas botas**?

pronombre demostrativo —Me gustan más **aquéllas**.

Los pronombres demostrativos

éste	ése	aquél
ésta	ésa	aquélla
éstos	ésos	aquéllos
éstas	ésas	aquéllas

Esto, **eso** y **aquello** también son pronombres demostrativos, pero nunca llevan acento.

Adjetivos posesivos

Los **adjetivos posesivos** son otro tipo especial de adjetivos. Van siempre antes del sustantivo. Los adjetivos posesivos son:

Adjetivos posesivos		
mi	**Mi** libro es verde.	**Mi** hermana es alta.
mis	**Mis** lápices son amarillos.	**Mis** primas son de Madrid.
tu	**Tu** auto es azul.	**Tu** perro es inteligente.
tus	**Tus** patines son bonitos.	**Tus** camisetas son lindas.
su	**Su** amigo es de Colombia.	**Su** amiga está de vacaciones.
sus	**Sus** calcetines son blancos.	**Sus** bufandas son abrigadas.
nuestro/a	**Nuestro** teatro es grande.	**Nuestra** casa es pequeña.
nuestros/as	**Nuestros** vecinos son amables.	**Nuestras** bolsas son bonitas
su	**Su** maestro es divertido.	**Su** casa está en Maine.
sus	**Sus** chicos son encantadores.	**Sus** tías vienen mañana.

[**ojo:** los adjetivos para *nosotros/as* tienen una forma para el femenino y otra para el masculino.]

Pronombres posesivos

Como los adjetivos posesivos, los **pronombres posesivos** expresan posesión. Pero se usan en lugar del sustantivo y a veces van precedidos por el artículo.

—¿Este lápiz es **tuyo**?

—No, **el mío** es rojo.

Los pronombres posesivos

(el) mío	(la) mía	(los) míos	(las) mías
(el) tuyo	(la) tuya	(los) tuyos	(las) tuyas
(el) suyo	(la) suya	(los) suyos	(las) suyas
(el) nuestro	(la) nuestra	(los) nuestros	(las) nuestras
(el) suyo	(la) suya	(los) suyos	(las) suyas

VERBOS

El **verbo** expresa la acción o el estado del sujeto. Por lo general, es la palabra principal o núcleo del predicado.

El gato **mira** por la ventana. (acción)

El día **está** nublado. (estado)

El verbo debe concordar siempre con el núcleo del sujeto.

La **niña** de los Pérez **comió** arroz.

Nosotros comimos pollo.

Ana y Margarita fueron al cine.

¿**Tu hermano y tú juegan** al tenis todos los días?

El verbo está compuesto de dos partes: la **raíz** y la **desinencia** o **terminación**. La **raíz** es la parte invariable —aunque a veces cambia un poco. La raíz transmite el significado básico del verbo: **cant-**, **com-**, **viv-**. Las terminaciones o desinencias son las partes más variables. Indican quién o quiénes realiza(n) la acción: cant**o**; cant**as**, etc.

Los modos del verbo

En español hay cuatro **modos**: el **modo indicativo**, el **subjuntivo**, el **potencial** y el **imperativo**.

El **indicativo** es el modo típico de las oraciones enunciativas e interrogativas.

Maruja **viene** a las dos.

Lole **visitará** mañana a sus padres.

¿**Fuiste** al cine este fin de semana?

El **subjuntivo** es el modo típico de las cláusulas subordinadas.

Necesito que me **devuelvas** el libro.

Te llamaré en cuanto **llegue** a casa.

Espero que la **haya** encontrado.

El **potencial** es el modo típico de las oraciones condicionales.

Iría... pero no puedo.

El **imperativo** es el modo típico de las oraciones que expresan órdenes o mandatos.

Ve, **corre**, **vuela**. **No te detengas**.

Otras formas del verbo

Otras formas derivadas del verbo son el **infinitivo**, el **participio pasado** y el **gerundio**. Observa las terminaciones:

el infinitivo:	cant**ar**, com**er**, viv**ir**
el participio pasado:	cant**ado**, com**ido**, viv**ido**
el gerundio:	cant**ando**, com**iendo**, viv**iendo**

El **infinitivo** sirve para nombrar al verbo:

Hoy en la escuela estudiamos el verbo **patinar**.

También puede actuar como un sustantivo:

Comer bien es importante para la salud. **Jugar** y **divertirse**, también.

El **participio pasado** sirve para formar los tiempos compuestos. En estos casos es invariable; siempre termina en *-o*:

En casa de mi tía comí una tarta que nunca **había probado**.

También puede actuar como un adjetivo. En estos casos concuerda en género y número con el sustantivo que modifica:

Los chicos llegaron tan **cansados** que se durmieron enseguida.

El **gerundio** sirve para formar los tiempos progresivos:

Julia **está buscando** insectos en el jardín.

No pude atender el teléfono porque **me estaba bañando**.

También puede actuar como un adverbio:

¡Anda, ve **corriendo**!

Los tiempos verbales

El **tiempo verbal** expresa cuándo algo sucede.

EL PRESENTE	Rubén **estudia** en su cuarto.
EL PRETÉRITO	Ayer **fuimos** al circo.
EL IMPERFECTO	Camelia **caminaba** por la ciudad.
EL FUTURO	Mañana **comeremos** con ellos.

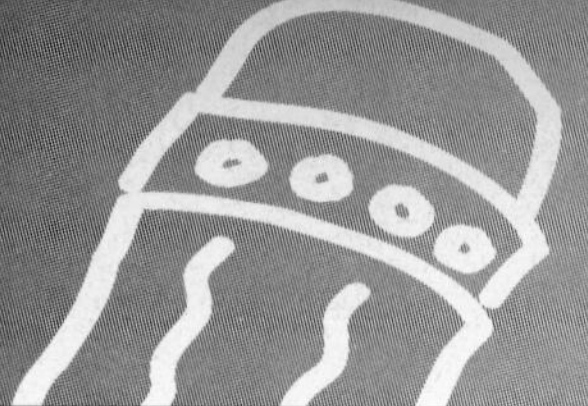

GUÍA DE GRAMÁTICA

El modo indicativo

El tiempo presente

Verbos regulares

Para formar el presente de los verbos regulares, reemplaza la terminación del infinitivo (*-ar, -er, -ir*) por las terminaciones personales que correspondan.

	cantar	comer	vivir
yo	canto	como	vivo
tú	cantas	comes	vives
usted / él / ella	canta	come	vive
nosotros/as	cantamos	comemos	vivimos
ustedes / ellos / ellas	cantan	comen	viven

Verbos que cambian la vocal de la raíz

Algunos verbos cambian la vocal de la raíz en todas las personas del presente excepto nosotros/as.

	querer e: ie	poder o: ue	pedir e: i
yo	quiero	puedo	pido
tú	quieres	puedes	pides
usted / él / ella	quiere	puede	pide
nosotros/as	queremos	podemos	pedimos
ustedes / ellos / ellas	quieren	pueden	piden

Verbos con cambio en la primera persona del singular (yo)

Algunos verbos cambian o agregan una consonante en la raíz de la primera persona singular (*yo*). **hacer: hago; conocer: conozco; saber: sé**

	saber	tener	salir	conducir	hacer	traer
yo	sé	tengo	salgo	conduzco	hago	traigo
tú	sabes	tienes	sales	conduces	haces	traes
usted / él / ella	sabe	tiene	sale	conduce	hace	trae
nosotros/as	sabemos	tenemos	salimos	conducimos	hacemos	traemos
ustedes / ellos / ellas	saben	tienen	salen	conducen	hacen	traen

Verbos de raíz irregular

Algunos verbos cambian por completo la raíz del infinitivo.

	ser	estar	ir
yo	soy	estoy	voy
tú	eres	estás	vas
usted / él / ella	es	está	va
nosotros/as	somos	estamos	vamos
ustedes / ellos / ellas	son	están	van

[**ojo: estar** no cambia de raíz, pero sí cambia la acentuación: es**tás**]

Verbos pronominales y reflexivos

Los verbos pronominales y reflexivos van siempre acompañados de un pronombre: ir**se**, bañar**se**. El pronombre siempre coincide con la persona del sujeto: yo me..., tú te..., etc. Cuando el verbo es pronominal, el pronombre, aunque es obligatorio, no significa nada: yo **me** voy. Cuando el verbo es reflexivo, el pronombre significa que la acción del verbo recae sobre el sujeto: yo **me** baño (**me = a mí misma/o**).

	irse	bañarse
yo	me voy	me baño
tú	te vas	te bañas
usted / él / ella	se va	se baña
nosotros/as	nos vamos	nos bañamos
ustedes / ellos / ellas	se van	se bañan

El pronombre va
- o bien antes de las formas conjugadas: Juan **se afeita** todas las mañanas.
- o unido al final del infinitivo: Pero no le gusta **afeitarse** los fines de semana.

Los tiempos pasados

El pretérito

Verbos regulares

Para formar el pretérito de los verbos regulares, reemplaza la terminación del infinitivo *-ar*, *-er* o *-ir* por las terminaciones personales que correspondan.

	cantar	comer	vivir
yo	canté	comí	viví
tú	cantaste	comiste	viviste
usted / él / ella	cantó	comió	vivió
nosotros/as	cantamos	comimos	vivimos
ustedes / ellos / ellas	cantaron	comieron	vivieron

Verbos que cambian la vocal de la raíz

Los verbos terminados en *-ar* y en *-er* no cambian la vocal en el pretérito: **me despierté**, **volví**. Los verbos terminados en *-ir* cambian la vocal en la tercera persona singular y plural del pretérito: **pidió**, **pidieron**.

	despertarse	volver	pedir
yo	me desperté	volví	pedí
tú	te despertaste	volviste	pediste
usted / él / ella	se despertó	volvió	pidió
nosotros/as	nos despertamos	volvimos	pedimos
ustedes / ellos / ellas	se despertaron	volvieron	pidieron

Verbos irregulares

Algunos verbos cambian la raíz en el pretérito.

estar	estuv-	
poder	pud-	-e
poner	pus-	-iste
querer	quis-	-o
saber	sup-	-imos
venir	vin-	-ieron

Además de cambiar la raíz, **decir** y **traer** pierden la *-i-* y la *-e-* respectivamente en la tercera persona plural: ellos **dijeron**, ustedes **trajeron**.

Otros verbos irregulares en el pretérito son **dar**, **ir** y **ser**. El pretérito de **ir** y de **ser** es el mismo.

	dar	ser/ir
yo	di	fui
tú	diste	fuiste
usted / él / ella	dio	fue
nosotros/as	dimos	fuimos
ustedes / ellos / ellas	dieron	fueron

GUÍA DE GRAMÁTICA

El imperfecto

Verbos regulares

Para formar el **imperfecto**, reemplaza la terminación del infinitivo *-ar*, *-er* o *-ir* por las terminaciones correspondientes. Observa que las terminaciones de los verbos terminados en *-er* y en *-ir* son iguales.

	cantar	comer	vivir
yo	cantaba	comía	vivía
tú	cantabas	comías	vivías
usted / él / ella	cantaba	comía	vivía
nosotros/as	cantábamos	comíamos	vivíamos
ustedes / ellos / ellas	cantaban	comían	vivían

En el imperfecto, la mayoría de los verbos son regulares: **almorzaba**, **estaba**, **tenía**, **podía**.

Verbos irregulares

Hay sólo tres verbos irregulares en el imperfecto: **ir**, **ser** y **ver**.

	ir	ser	ver
yo	iba	era	veía
tú	ibas	eras	veías
usted / él / ella	iba	era	veía
nosotros/as	íbamos	éramos	veíamos
ustedes / ellos / ellas	iban	eran	veían

Los tiempos perfectos

Los **tiempos perfectos** son los tiempos verbales que se forman con el verbo auxiliar **haber** seguido de un participio pasado: **he cantado, habíamos dicho**.

- **El auxiliar**

En estos tiempos el **verbo auxiliar** va conjugado y concuerda con la persona del sujeto.

- **El participio pasado**

El otro verbo va en participio pasado: cant**ado**, com**ido**, viv**ido**. El participio pasado de los verbos que terminan en *-ar* termina en *-ado*. El participio pasado de los verbos que terminan en *-er* y en *-ir* termina en *-ido*. Cuando se usan con un verbo auxiliar para formar un tiempo compuesto, los participios pasados son invariables: nunca van en femenino ni en plural.

	Pretérito perfecto		Pretérito pluscuamperfecto	
yo	he		había	
tú	has		habías	
usted / él / ella	ha	cantado	había	cantado
nosotros/as	hemos	comido	habíamos	comido
ustedes / ellos / ellas	han		habían	

Algunos **participios pasados** son irregulares:

abrir	**abierto**	morir	**muerto**
cubrir	**cubierto**	poner	**puesto**
decir	**dicho**	resolver	**resuelto**
descubrir	**descubierto**	romper	**roto**
escribir	**escrito**	ver	**visto**
hacer	**hecho**	volver	**vuelto**

Cuando la terminación *-ido* va después de una *-a-*, una *-e-* o una *-o-*, lleva acento: *caído*, *creído*, *leído*, *oído*, *sonreído*, *traído*.

GUÍA DE GRAMÁTICA

El futuro

Verbos regulares

Para formar el tiempo **futuro** de los verbos regulares agrega las terminaciones correspondientes *después de* las terminaciones de infinitivo *-ar*, *-er*, *-ir*.

	cantar	comer	vivir
yo	cantaré	comeré	viviré
tú	cantarás	comerás	vivirás
usted / él / ella	cantará	comerá	vivirá
nosotros/as	cantaremos	comeremos	viviremos
ustedes / ellos / ellas	cantarán	comerán	vivirán

Verbos irregulares

Algunos verbos tienen una raíz irregular en el futuro. Las terminaciones personales son las mismas que las de los verbos regulares.

decir	dir-	
haber	habr-	
hacer	har-	-é
poder	podr-	-ás
poner	pondr-	-á
querer	querr-	-emos
saber	sabr-	-éis
salir	saldr-	-án
tener	tendr-	
venir	vendr-	

El futuro perfecto

El **futuro perfecto** se forma con el futuro del verbo **haber** y el participio pasado de otro verbo.

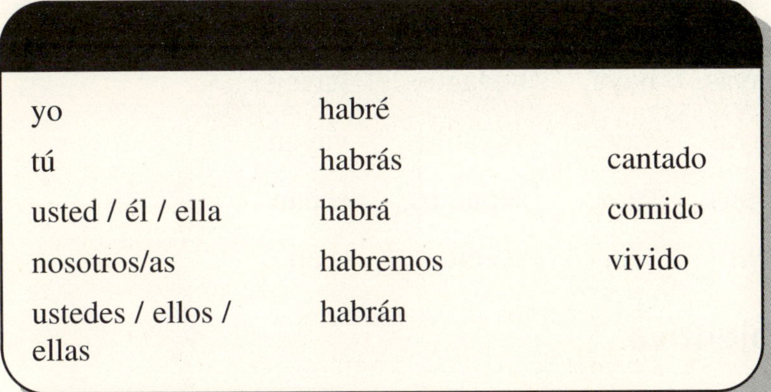

yo	habré	
tú	habrás	cantado
usted / él / ella	habrá	comido
nosotros/as	habremos	vivido
ustedes / ellos / ellas	habrán	

El modo subjuntivo

Presente de subjuntivo

Verbos regulares

Para formar el presente de subjuntivo, toma la raíz de la primera persona singular del presente y agrégale las terminaciones que correspondan.

	cantar	comer	vivir
yo	cante	coma	viva
tú	cantes	comas	vivas
nosotros/as	cantemos	comamos	vivamos
ustedes / ellos / ellas	canten	coman	vivan

Los verbos que en el **presente del indicativo** cambian la vocal de la raíz (qu**ie**r-, p**ue**d-, p**i**d-) o que tienen la primera persona irregular (**teng-**, **salg-**, **conduzc-**) mantienen la misma irregularidad en el subjuntivo: que yo **quiera**, que tú **tengas**, que ella **conduzca**.

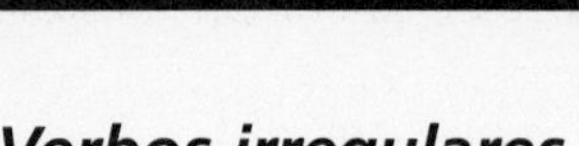

Verbos irregulares

Hay unos pocos verbos con formas irregulares en el subjuntivo:

dar	dé,	des,	dé,	demos,	den
estar	esté,	estés,	esté,	estemos,	estén
haber	haya,	hayas,	haya,	hayamos,	hayan
ir	vaya,	vayas,	vaya,	vayamos,	vayan
saber	sepa,	sepas,	sepa,	sepamos,	sepan
ser	sea,	seas,	sea,	seamos,	sean

Pretérito imperfecto de subjuntivo

Verbos regulares

Para formar el **imperfecto de subjuntivo**, toma la raíz de la tercera persona plural del pretérito (**cantar-**, **comier-**, **vivier-**) y agrégale las terminaciones que correspondan.

	cantar	comer	vivir
yo	cantara	comiera	viviera
tú	cantaras	comieras	vivieras
usted / él / ella	cantara	comiera	viviera
nosotros/as	cantáramos	comiéramos	viviéramos
ustedes / ellos / ellas	cantaran	comieran	vivieran

Los verbos que cambian la vocal de la raíz en el presente y los verbos irregulares siguen la misma regla: que yo **empezara**; que yo **volviera**; que él **pidiera**; que nosotros **tuviéramos**; que ellos **quisieran**.

Los tiempos perfectos de subjuntivo

El **pretérito perfecto de subjuntivo** se forma con el subjuntivo presente del verbo **haber (haya)** y el participio pasado de otro verbo. El **pretérito pluscuamperfecto de subjuntivo** se forma con el imperfecto de subjuntivo del verbo **haber** (**hubiera** o **hubiese**) y el participio pasado de otro verbo.

	Pretérito perfecto		Pretérito pluscuamperfecto	
yo	haya		hubiera o hubiese	
tú	hayas		hubieras o hubieses	
usted / él / ella	haya	cantado	hubiera o hubiese	cantado
nosotros/as	hayamos	comido	hubiéramos o hubiésemos	comido
ustedes / ellos / ellas	hayan		hubieran o hubiesen	

El modo potencial

Verbos regulares

Para formar el **potencial simple**, toma la raíz del infinitivo y agrégale las terminaciones correspondientes.

	Simple o imperfecto			Compuesto o perfecto	
yo	cantaría	comería	viviría	habría	
tú	cantarías	comerías	vivirías	habrías	
usted / él / ella	cantaría	comería	viviría	habría	cantado
nosotros/as	cantaríamos	comeríamos	viviríamos	habríamos	comido
ustedes / ellos / ellas	cantarían	comerían	vivirían	habrían	

Los verbos que cambian la vocal de la raíz en el presente siguen la misma regla que los verbos regulares: yo **almorzaría**, él **pediría**, ellos **volverían**.

Verbos irregulares en el potencial

Los verbos que eran irregulares en el futuro del indicativo también son irregulares en el potencial: yo **tendr**ía; tú **sabr**ías; él **dir**ía; nosotros **saldr**íamos.

El modo imperativo

Verbos regulares

Para formar el **imperativo** de los verbos regulares, toma la raíz de la tercera persona singular del presente del indicativo (**cant-**, **com-**, **viv-**) y agrega las terminaciones correspondientes.

	cantar	comer	vivir
tú	canta	come	vive
usted / él / ella	cante	coma	viva
nosotros/as	cantemos	comamos	vivamos
ustedes / ellos /ellas	canten	coman	vivan

Como el imperativo es el modo típico de la orden, por lo general no se usa en la primera persona del singular (*yo*). Otra característica es que la forma negativa de la segunda persona singular (*tú*) es distinta de la forma afirmativa: cant**a** / no cant**es**, com**e** / no com**as**, viv**e** / no viv**as**.

Objetos

Objeto directo

El **objeto directo** es el sustantivo o pronombre que recibe la acción del verbo. Forma parte del predicado.

El muchacho lee **historietas**.

Tania escribe una **composición**.

Cuando el objeto directo se refiere a una persona o a un animal personificado, va precedido por la preposición *a*.

Silvina llama **a** Ricardo todas las noches.

Todos los veranos, mis padres y yo visitamos **a** mis abuelos.

Los únicos pronombres que pueden ser objetos directos son: **me**, **te**, **lo/la**, **nos**, **os**, **los/las**. Van antes del verbo.

Mis tíos **me** quieren mucho.

Yo **los** quiero mucho también.

Objeto indirecto

El **objeto indirecto** es el sustantivo o pronombre que expresa a quién o para quién se realiza la acción del verbo. Forma parte del predicado.

¿**Le** contaste todo?

Ayer compré dos discos compactos **para mis primos**.

Los únicos pronombres que pueden ser objetos indirectos son: **me**, **te**, **le**, **nos**, **les**. Van antes del verbo.

¿**Me** prestas tu bicicleta?

Te voy a decir un secreto.

Ellos siempre **nos** regalan plantas.

Muchas veces, el pronombre de objeto indirecto no resulta claro o suficientemente expresivo. Para lograr más expresividad o para aclarar a quién o qué se refiere, se usan las preposiciones *a* o *para* seguidas de un sustantivo, un nombre propio, o de los pronombres: **mí**, **ti**, **usted**, **él**, **ella**, **nosotros/as**, **ustedes**, **ellos**, **ellas**. Estas frases con preposición casi siempre van después del verbo.

Siempre **les** mando postales **a mis amigos de Maine**.

Me contó la historia **a mí**.

Le pedí **a Juan** que viniera.

Pronombres de objeto directo e indirecto

Cuando los **pronombres de objeto** directo e indirecto están juntos en la misma oración, el indirecto va siempre antes.

Me lo prestó por unos días.

Te las llevo mañana.

Delante de **lo**, **la**, **los** y **las**, los pronombres **le** y **les** se reemplazan por **se**.

—¿**Se lo** diste a Juan?

—Todavía no. **Se lo** voy a dar mañana.

Cuando el núcleo del predicado es una frase verbal, los pronombres de objeto directo o indirecto pueden ir

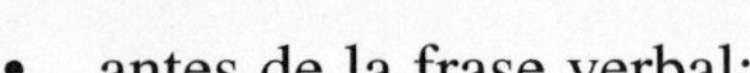

- antes de la frase verbal:

    Te lo voy a contar mañana.

    Se las estoy preparando ahora.

- o al final, unidos al verbo (infinitivo o gerundio):

    Voy a contártelo mañana.

    Estoy preparándoselas ahora.

Pronombres personales: Repaso

Sujeto	Objeto directo	Objeto indirecto	Reflexivo	Después de preposición
yo	me	me	me	a mí (ojo: **conmigo**)
tú	te	te	te	a ti (ojo: **contigo**)
usted	lo/la	le (se)	se	a usted
él	lo	le (se)	se	a él
ella	la	le (se)	se	a ella
nosotros	nos	nos	nos	a nosotros
nosotras	nos	nos	nos	a nosotras
ustedes	los/las	les (se)	se	a ustedes
ellos	los	les (se)	se	a ellos
ellas	las	les (se)	se	a ellas

Gustar y otros verbos similares

Las oraciones con el verbo **gustar** siguen un orden especial: empiezan por el objeto indirecto y terminan por el sujeto:

Objeto indirecto + pron. obj. ind. + gusta(n) + sujeto

A mí	me	gusta	el verano.
A Elisa	le	gustan	los deportes.
A nosotros	nos	gusta	patinar.
A Tina y a Sue	les	gusta	la comida china.

El sujeto es el sustantivo que viene después de **gustar**. El verbo debe concordar con esa palabra.

Otros verbos similares son: **encantar**, **fascinar** y **doler**.

A los chicos	les	encanta	la tarta de limón.
A mí	me	fascinan	las películas de terror.
A nosotros	nos	duele	la cabeza.

ADVERBIOS

Los **adverbios** son palabras que expresan **cómo**, **cuándo** y **dónde** se realiza una acción. Por ejemplo:

cómo	El avión aterrizó **suavemente**.
cuándo	El campeonato empieza **mañana**.
dónde	Ellos lo están esperando **allí**.

cómo	cuándo	dónde
bien	ahora	acá
mal	mañana	allá
regular	hoy	aquí
suavemente	nunca	allí
ágilmente	luego	cerca
decididamente	tarde	lejos
enormente	temprano	adentro

Muchos adverbios se forman agregando la terminación *-mente* a la forma femenina de un adjetivo:

intensa**mente**
alternativa**mente**
acalorada**mente**

Cuando el adjetivo termina en *-e* o en consonante, se le agrega la terminación *-mente* al final:

dulce**mente** gentil**mente**

PREPOSICIONES

Las **preposiciones** son palabras que ayudan a establecer relaciones entre otras palabras o entre distintas partes de una oración. Por ejemplo:

Esa silla es **de** la profesora.
Me gustaría mucho ir a pasear **con** ellos.

Preposiciones

a	ante	bajo	cabe	con	contra
de	desde	hacia	hasta	para	por
según	sin	so	sobre	tras	

A veces se usan combinadas entre sí o con adverbios. Por ejemplo:
Mi gato está **debajo de** la cama.

Otras combinaciones frecuentes:

debajo de	de por	encima de	para con	desde dentro de
delante de	detrás de	junto a	respecto de	por encima de

CONTRACCIONES

Hay sólo dos **contracciones** en español: **al** y **del**.

a + la
Voy **a la** escuela.

a + el = **al**
Voy **al** cine.

de + la
Vengo **de la** biblioteca.

de + el = **del**
Vengo **del** museo.

COMPARACIONES

Para comparar con adjetivos, usa las siguientes frases:

comparación de desigualdad:	Elena es **más ágil** *que* Isabel.
más/menos + adjetivo + *que*	Mi perro es **más pequeño** *que* el tuyo.
comparación de igualdad:	Alicia es **tan alta** *como* Leda.
tan + adjetivo + *como*	Hoy está **tan caluroso** *como* ayer.

Algunos adjetivos tienen formas especiales para la comparación:

Este programa de televisión es **mejor** *que* el que vimos ayer.

Este partido de fútbol es **peor** *que* el de la semana pasada.

Lila tiene 12 años y Pedro tiene 10. Lila es **mayor** *que* Pedro.

Pedro es dos años **menor** *que* Lila.

Para comparar números, usa la expresión *más / menos de:*

Ellos tienen **más de** diez mil dólares en el banco.

Esa computadora cuesta **menos de** dos mil pesos.

Para comparar con sustantivos, usa las siguientes frases:

comparación de desigualdad:	Esa botella tiene **más** leche *que* este vaso.
más/menos + sustantivo + *que*	En esta casa hay **menos** muebles *que* en ésa.
comparación de igualdad:	Mi gata come **tantas** galletitas **como** la tuya.
tanto/os/a/as + sustantivo + *como*	Mi abuelo lee **tantos** libros **como** mi tía.

Para comparar con verbos, usa las siguientes frases:

comparación de desigualdad:	Ella corre **más** *que* él.
más/menos *que*	Marcos come **menos** *que* sus padres.
comparación de igualdad:	El profesor trabaja **tanto** *como* la directora.
tanto *como*	Diana y Mirta viajan **tanto** *como* Lino.

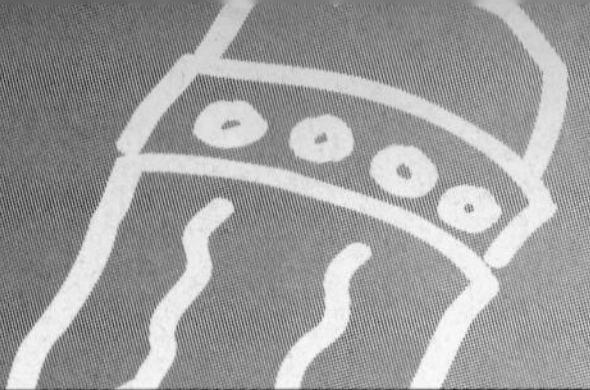

PALABRAS INDEFINIDAS Y NEGATIVAS

Hay dos maneras de hacer **oraciones negativas:**

1) **no** + verbo + palabra negativa — **No** llamó **nadie**.

2) palabra negativa + verbo — **Nadie** llamó.

Palabra indefinida	Palabra negativa	Ejemplos
algo	nada	—¿Quieres algo de comer? —No, gracias, no quiero nada.
alguien	nadie	—¿Conocías a alguien en la fiesta? —No, no conocía a nadie, excepto a Tony.
algún/alguna	ningún/ninguna	—¿Sabes algún chiste divertido? —No, no sé ningún chiste. Pero si quieres te cuento un cuento.
siempre	nunca	—¿Siempre vas al gimnasio por la tarde? —No, ya no voy nunca. Prefiero jugar en el parque.
también	tampoco	—Tú vienes, ¿no? ¿Y tu hermana también? —No, lo siento, no voy a poder ir y mi hermana tampoco.
y	ni	—¿Quieres ir a nadar y a patinar al club? —No, gracias, no quiero ir ni a nadar ni a patinar. Estuve jugando al fútbol toda la mañana.

ABREVIATURAS

Las **abreviaturas** son formas acortadas de algunas palabras. La mayoría de las abreviaturas empiezan con mayúscula y terminan en un punto.

- **Títulos**

señor	Sr.	Estimado Sr. López...
señora	Sra.	La Sra. Domínguez no vendrá hoy.
señorita	Srta.	La Srta. Goldberg lo verá mañana.
doctor	Dr.	El Dr. Xu no atiende los jueves.
doctora	Dra.	La Dra. Kramer está de vacaciones.

- **El plural**

Cuando se abrevian palabras en plural, la abreviatura duplica las letras iniciales.

Estados Unidos	EE.UU.	Los EE.UU. limitan con México y con Canadá.
Fuerzas Armadas	FF.AA.	El presidente es general en jefe de las FF.AA.

TÍTULOS

Los títulos de libros, revistas, obras de teatro, películas, programas de televisión y periódicos van siempre **subrayados**. [En materiales impresos van siempre en *itálica* o *bastardilla*.]

Mi película favorita es Dumbo.

Mi mamá siempre lee el diario El Mundo.

Sólo la primera letra de un título va con mayúscula.

—Mi película favorita es **A**ladino y su lámpara maravillosa.

—Yo prefiero **L**a noche de las narices frías.

Los títulos de capítulos de libros, poemas, cuentos y canciones van **entre comillas**.

"El almohadón de plumas" es un cuento apasionante.

A mí me encanta esa canción que se llama "Un elefante ocupa mucho sitio".

- Las líneas de diálogos se introducen con **un guión largo**.

—¿Vamos a dar un paseo? —preguntó Rita.

—Lo siento, ahora no puedo —contestó su hermana—.

¿Qué tal si vamos por la tarde?

MAYÚSCULAS Y MINÚSCULAS

Van con mayúscula

1. La primera palabra de cada oración.

¡Qué hermoso día!

2. Los nombres propios de personas, animales y lugares.

Emilia y Marta son muy amigas.

Madrid es una ciudad muy hermosa.

3. Las abreviaturas de títulos antes de un nombre propio.

El Sr. Yáñez dice que por favor lo espere.

4. La primera palabra de un título.

Mi papá está leyendo un libro que se llama

Cantos de vida y esperanza.

Van con minúscula

1. Los nombres de los días, los meses y las estaciones.

Marina va a practicar Tai Chi todos los **miércoles**.

Lea nació el 14 de **julio** de 1988.

La estación que más me gusta es la **primavera**.

2. Los nombres de idiomas y los adjetivos y sustantivos que significan nacionalidad.

Mi papá estudia **alemán**.

A nosotros nos encanta la comida **italiana**.

Mis abuelos son **españoles**. Mi papá es **mexicano** y mi mamá es **francesa**.

3. Los adjetivos y sustantivos que significan raza, religión o partidos políticos.

Algunas personas son **negras**, otras son **mestizas**, otras son **blancas**.

Goldemberg es un apellido **judío**.

Sus padres son **demócratas**.

LISTA PARA HACER CORRECCIONES

LISTA PARA HACER CORRECCIONES

Revisa tus ejercicios para ver si has hecho algún error. Usa las preguntas siguientes como guía. Corrige cualquier error que encuentres. Después de hacer todas las correciones necesarias, haz una cruz en el casillero que está junto a la pregunta.

- ❑ **1.** ¿Dejé sangría al principio de cada párrafo?
- ❑ **2.** ¿Tienen sentido completo todas las oraciones?
- ❑ **3.** ¿Escribí todas las palabras correctamente?
- ❑ **4.** ¿Puse todas las mayúsculas donde debía?
- ❑ **5.** ¿Usé correctamente los signos de puntuación?
- ❑ **6.** ¿Usé todos los sustantivos, verbos, adjetivos y pronombres correctamente?

¿Hay otras cosas que te parezca que debas revisar? Haz tu propia lista en una hoja aparte. Al revisar tus ejercicios, usa los siguientes signos.

SIGNOS DE CORRECCIÓN

Signo	Explicación	Ejemplo
¶	Empieza un nuevo párrafo. Deja sangría.	¶Todos los años, la familia de Félix iba a Valencia.
^	Falta una letra, palabra, oración o signo de puntuación.	Las hojas eran verdes ^y rojas.
℘	Tacha una letra, palabra o signo de puntuación.	El mar estabas calmo.
/	Cambia la mayúscula por minúscula.	Había Mariposas por todos lados.
≡	Cambia la minúscula por mayúscula.	Mis tíos viven en San diego.